ROSALIE FIRHOLZ

Rosalie
Une enfance à la ferme

Préface d'Agathe Bischoff-Morales

LA NUÉE BLEUE

À Léon

L'auteur remercie Melle Martine Kahn, pour son aide rédactionnelle,
et M. l'abbé Émile Schmitt, pour ses précieux conseils.

Photo de couverture : Une famille d'agriculteurs devant sa ferme près de Phalsbourg, vers 1920. Droits réservés.

ISBN 2-7165-0595-0

PRÉFACE

Écrire, c'est transmettre

par Agathe Bischoff-Morales

Tout a commencé par un jambon fumé et un général à qui il était destiné... Après vingt-trois années passées à la Bibliothèque puis à la Direction du livre de la mairie de Belfort, c'était mon premier jour à Strasbourg, dans cette bibliothèque étonnante, près de la gare. Depuis, comme si Rosalie y avait laissé quelques étoiles, je ne cesse d'y découvrir des choses étranges et merveilleuses, d'y rencontrer des gens curieux et lumineux, tous révélant l'histoire formidable de cette institution.

Rosalie avait pris le train ce jour-là, comme quelque soixante-dix années plus tôt, lorsqu'elle découvrit la cathédrale de Strasbourg pour la première fois, un train plus moderne cette fois-ci, sans changement entre Sarrebourg et la capitale alsacienne. Dans son panier, point de jambon fumé, mais une volonté de trouver de quoi le remplir de souvenirs et de certitudes.

Quant au petit chaperon, il avait grandi. Rosalie Firholz, la petite paysanne, était devenue une grand-mère, rayonnante, des boucles argentées illuminant son visage étoilé d'un regard étincelant et franc. Elle avait fait irruption dans la salle de lecture, convaincue que nous allions lui révéler aussitôt le nom du héros qu'elle évoque dans ce livre et qui l'avait honorée jadis d'un « Brave, brave Rosalie ». « C'était là, près de la gare, affirmait-elle, près de l'Aubette, peut-être place Broglie aussi. Il faisait beau, il y avait une foule immense, des militaires partout. C'était en automne, ou peut-être au printemps, je devais avoir cinq ou six ans... »

Notre métier de bibliothécaire est terrifiant. Quelquefois, nous sommes chargés de mener l'enquête dans les pages de livres fermés depuis plusieurs siècles. Ce jour-là, mon honneur était en jeu ! Je venais d'arriver et je promis de trouver le plus rapidement possible de quoi corroborer les souvenirs de Rosalie. J'ai plongé dans les océans d'alsatiques. Et d'arpenter les quatorze kilomètres de livres stockés dans les réserves de la Bibliothèque municipale. Je compris rapidement que mon salut viendrait d'autres mémoires. Mon sauveur fut François Schwicker, des Archives municipales de Strasbourg, qui identifia aussitôt le personnage amateur de jambon fumé : il s'agissait du général Brécard, alors gouverneur de Strasbourg.

Car Rosalie était en train d'écrire sa vie. Beaucoup viennent, comme elle, nous voir : leurs manuscrits remplissent les rayons des bibliothèques du monde entier. Que de vies écrites, d'histoires vécues, d'affirmations définitives...

Mais, comme moi, Rosalie aime les vaches et, comme moi, elle est née un 4 juin. Notre complicité fut immédiate. En partant, elle *me laissa quelques lignes des mémoires qu'elle était en train de rédiger : des chapitres sur la Fête-Dieu, sur la mort de sa grand-mère, véritables petites nouvelles d'une écriture subtile et élégante, légère et primesautière. Étonnement... J'ai relu plusieurs fois ces textes depuis. Chaque fois, j'y découvre de nouvelles émotions, de nouvelles impressions. Son récit dépasse le personnel et le contentement de soi, il touche à l'universel, nous éclairant sur cette Alsace et cette Lorraine rurales de la première moitié du XX*e *siècle.*

Certes, Rosalie est née sous une bonne étoile, mais que d'épines a-t-elle rencontrées sur son chemin, et que de « pétales de larmes » la bise lui a-t-elle arrachées ! Elle n'était « que la fille d'une pauvre petite paysanne », toujours au labeur, dans les champs ou à l'étable, quand il n'y avait pas d'école. Pourtant, l'humour, l'amour et l'espérance sont toujours présents chez elle. Rosalie est simple, elle n'a pas besoin de couronne. Comment ne pas être touché par cette vie besogneuse, pourtant si pleine de poésie de la révolte, ou de révolte poétique ? Rosalie règle ses comptes avec les principes et le dogme : elle aime à tirer la langue à ceux qui rejettent les enfants (tel le curé du village) ou ceux qui les « imposent » (telle la sage-femme).

Et quelle personnalité que sœur Vitaline, la maîtresse d'école : une âme noble, un ange pur. L'épisode de l'inspecteur français vaut bien « la classe » d'Alphonse Daudet. Vitaline, avec son violon français partant à l'assaut de l'orgue soufflant très certainement quelques sons germaniques, est un véritable petit chef-d'œuvre.

La guerre occupe une place importante dans ce livre. Les récits qui y sont consacrés sont graves et terribles. On souffre avec

Rosalie devant cet enfant allemand, poursuivi par un SS, qui meurt dans la grange de la ferme en appelant sa mère. Heureusement, l'humour l'emporte vite, et un épisode plus léger et plein de hardiesse prend le dessus grâce aux Américains et à leurs « drôles de boyaux ».

Il y a là des portraits de famille touchants et pleins de vérité : tante Eugénie, celle qui a réussi en épousant un bourgeois de la ville ; tante Christine qui n'a « jamais oublié d'oublier » son premier amour ; tante Anna, dont la nuit de noce fut la plus mouvementée qui soit ; tante Joséphine, attirée par le couvent et si déçue par l'accueil des religieuses...

La plume de Rosalie ressemble souvent à celle d'un Pergaud, ou au pinceau d'un artiste de l'école de Barbizon, d'un Jules Adler ou d'un Albert Anker. J'aime à imaginer une rencontre entre Chagall, dont les vitraux magnifiques ornent la chapelle des Cordeliers à Sarrebourg, et Rosalie : tous deux ont ce même lyrisme grave et lumineux.

Dans la cantine des cheminots, près de la gare de Strasbourg, où nous déjeunons parfois – son mari travaillait aux chemins de fer –, elle me raconte souvent des choses terribles ou drôles. Elles les a rassemblées pour nous dans cet ouvrage. Afin que nous lisions, et que nous transmettions.

A. B.-M.

AVANT-PROPOS

Les couleurs de ma campagne

Je suis une fille de Veckersviller, village du canton de Fénétrange, en terre lorraine enclavée dans l'Alsace bossue. Ce livre est une page ouverte sur mon enfance passée à la ferme du Windhof. Notre petit hameau se trouvait un peu à l'écart, perché sur une colline battue par des vents qui ont donné son nom au lieu – la ferme du vent –, et dont il ne subsiste aujourd'hui, entouré d'un lotissement, que le corps du bâtiment.

Je me souviens de ce petit village qui était le mien, où l'on s'éclairait avec la lampe à pétrole, où les coqs chantaient en canon à l'aube fraîche et les poules buvaient le purin dans les rigoles. Les enfants jouaient à cloche-pied, à la marelle au beau milieu de la route. À longueur de journée, avec un attelage de vaches, il fallait labourer, herser et ensemencer notre lopin de terre. La moisson se faisait encore à la faux et avec la faucille. Fruit du labeur des années passées, on n'osait pas s'échanger sa parcelle de terre, considérée comme un héritage sacré du grand-père.

Mes origines modestes et une vie de labeur ne constituaient pas les clefs idéales pour écrire un livre. Et la vie de chacun d'entre nous est un roman sans prétention. Pourtant, je me suis résolue à publier ces pages, dans lesquelles se trouve rassemblée l'essence des souvenirs de ma jeunesse. En décrivant les usages et les mœurs d'autrefois, j'espère faire passer à la postérité un peu de l'âme d'antan. Les anciens y retrouveront un grand nombre de leurs propres souvenirs. Les plus jeunes apprendront comment nous vivions, chichement, mais heureux.

La plupart des histoires relatées dans ce livre me furent contées par mon oncle Eugène, quelques-unes également par mon père. Les noms des membres de ma famille sont authentiques. J'ai aimé les faire revivre, sans fard et avec les couleurs de leurs caractères campagnards. Et je souhaite faire partager par ce livre leur souvenir, qui m'est cher.

R. F.

La vie au village

Je suis née dans une grange

Je pense être née sous une bonne étoile, mais, selon mes parents, j'aurais vu le jour sur un lit de trèfle fraîchement coupé, jonchant la grange. Ma première bouffée d'oxygène en avait la senteur douceâtre et j'ai assurément dû, ce jour-là, toucher à un trèfle à quatre feuilles. La chaleur étouffante qui régnait ce 4 juin dans la chambre à coucher de notre ferme ne facilita pas le travail de maman, ni celui de la sage-femme du village.

Complètement exténuée, celle-ci eut la bonne idée de faire accoucher maman dans la grange, dont la fraîcheur offrait des conditions bien plus favorables qu'un lit encastré dans un coin contre un mur. À peine ma mère était-elle allongée sur cette couche improvisée, recouverte d'un drap blanc, que ses violentes contractions reprirent. Et me voilà née !

La peau de mon père ruisselait de sueur. Ce n'était pas seulement l'effet de la chaleur ; il ressentait les mêmes douleurs que celles qui terrassaient ma mère. Fier et heureux au-delà de toute expression, il se pâmait d'admiration pour son premier bébé.

À la vue du duvet des longs cheveux d'un noir de jais, papa trouva que son enfant ressemblait beaucoup à sa propre mère. Maman riposta :

– Mais non, voyons, c'est tout le portrait de ma mère !

La sage-femme, espiègle et s'inspirant de Salomon, trancha en déclarant :

– Avec un tel duvet noir comme de la suie, j'opte plutôt pour la ressemblance avec le ramoneur.

Puis elle passa sa main sur ma tête en façonnant une houppette entre ses doigts et dit :

– Regardez ! Elle en porte déjà l'échelle.

Une fois qu'elle m'eut langée, elle me tendit à bout de bras en s'exclamant :

– Regardez-moi ces menottes potelées, piquetées de fossettes. Croyez-en mon expérience : ce poupon vigoureux est un greffon qui prendra bien !

Ses prophéties ne se sont pas démenties. J'ai poussé comme un champignon, sans connaître les tourments d'aucune maladie. Mes pleurs n'étaient que ceux de la colère, quand le biberon n'arrivait pas assez vite, ou quand mes langes étaient mouillés ; à moins que je n'aie eu simplement l'envie d'exprimer le trait d'un mauvais caractère naissant.

En voyant sa petite gigoter et faire de drôles de mimiques dans le berceau, papa, après avoir passé ses doigts sur mes joues d'un rose de poupée en porcelaine, décida qu'il ne pouvait être donné que le nom de « Rose » à ce petit bourgeon du mois de juin fraîchement éclos, tout en espérant qu'il s'épanouirait comme une fleur...

Un nouveau-né ressemble effectivement à une belle rose. Il y a la fleur et, malheureusement, il y a aussi les épines. Mais comme la fleur est belle, on ne voit pas ces dernières. C'est seulement lorsque bébé grandit que toutes les mamans du monde en ressentent les piquants, comme les avaient ressentis leurs mères et leurs grands-mères avant elles...

Le « miracle » de la Fête-Dieu

Très solennel, le jour de la Fête-Dieu était d'une grande importance pour les paysans. L'année de ma naissance, cette fête allait prendre une tournure des plus inattendues dans notre village.

La veille, comme le veut la coutume, les conseillers municipaux avaient dressé, en soirée, les estrades aux points stratégiques du village, tandis que les enfants étaient allés à l'église implorer la clémence du ciel pour le lendemain.

Dès l'aube se faisait sentir l'agitation des habitants. Les conscrits, installés sur une charrette, partirent gaiement en forêt, armés de serpettes pour couper les jeunes branches aux feuilles vert tendre et les ériger, tels de jeunes arbustes, le long du parcours de la procession. Les plus belles branches furent choisies pour décorer le reposoir de chacun des quatre quartiers du village. Les filles, toutes joyeuses, les garnirent à l'envi de guirlandes de crépon bleu, blanc et rouge. Notre patriotisme n'était pas une légende. Les fanions pavoisaient les fenêtres des maisons, ornées d'une exubérante décoration florale. Les routes, parsemées d'herbe fraîche par les pompiers, ressemblaient à un tapis de verdure. Notre village était alors si beau !

Après la messe, les habitants s'affairaient au-dehors pour couvrir de belles nappes brodées la table de leur reposoir – qui servait d'autel uniquement lors de la Fête-Dieu – et revêtir ses gradins de tapis somptueux à l'odeur de naphtaline. Celui de leur quartier se devait d'être le plus beau. Il leur restait à installer les statues et les candélabres de part et d'autre d'un socle ciselé d'or, le Thabor, avant de retourner à l'église pour les vêpres. Les plus minutieux revenaient jeter un dernier coup d'œil, vérifier que tout était, jusqu'au moindre détail, en ordre.

Après les vêpres solennelles, le garde suisse, un bel homme de taille imposante, lissait d'un air satisfait sa moustache noire de sa main gauche. Vêtu d'un uniforme aux broderies d'or, coiffé d'un bicorne, il frappa trois coups de sa grande hallebarde pour annoncer le début de la procession. C'était le signal pour le bedeau d'ouvrir la grande porte. Puis, avec une dignité impériale, le garde suisse conduisit la marche. Vinrent ensuite les enfants de chœur dans leur surplis de fête, puis les écoliers et les enseignants. Les petites filles, en robe blanche, suivaient, une petite couronne nacrée sur la tête, tels les anges du ciel. Elles portaient une petite corbeille emplie de pétales de roses, retenue par un ruban autour du cou. À tour de rôle, elles se retournèrent, et, dans des gestes gracieux, laissèrent voltiger les pétales devant l'ostensoir. Le curé, drapé de sa chape d'or, s'avança à petits pas sous le dais porté par quatre membres du « conseil de fabrique », comme nous appelions alors le conseil paroissial. Il portait avec vénération le grand ostensoir, au centre duquel se trouvait l'hostie sainte. Derrière lui suivaient la chorale et les filles de Marie. Un grand ruban bleu ciel autour de leur cou retenait une médaille dorée de la Vierge. Puis venaient les pompiers en tenue de parade, suivis des hommes, puis des femmes. Les vieux et les mamans poussant leurs landaus fermaient la marche. Devant chaque reposoir, les genoux se pliaient, la chorale et les fidèles chantaient les hymnes liturgiques. Le rituel était immuable... Après une longue bénédiction, le curé reposa l'ostensoir sur le Thabor, observa une minute de silence à la mémoire des morts, fit une courte génuflexion et se releva pour reprendre la marche vers le reposoir suivant.

La coutume, teintée de superstition, incitait les jeunes mères à poser ensuite leur poupon sur le Thabor où avait reposé le Saint-Sacrement. Par ce geste, elles pensaient obtenir grâces et bénédictions pour la vie de leur rejeton. Or, en ce temps-là, les femmes venant d'accoucher devaient attendre six semaines avant d'être purifiées lors de la cérémonie des relevailles. Maman étant encore considérée comme impure, notre curé s'opposa à ce qu'elle me place sur le Thabor. Comme j'aurais été trop grande l'année suivante, elle ne voulut pas me priver d'une tradition qui devait me porter chance. Ayant trop de respect pour s'opposer ouvertement au prêtre, elle le fixa du regard, espérant une clémence de dernière minute. Mais le curé, intransigeant, lui lança un regard réprobateur.

Maman se tenait tremblante devant l'estrade, son bébé dans les bras. Les villageois, qui avaient assisté à la scène, cachaient mal leur impatience de connaître l'issue de cette confrontation. Au moment où notre curé, sûr de son droit, se retourna, par un hasard malicieux, sa chape se prit dans un pied du Thabor qui tomba à terre devant maman. Un frémissement parcourut la foule médusée. Tous deux se regardaient décontenancés, puis maman posa lentement son poupon sur le Thabor. Une expression de surprise indicible se lisait dans le regard du curé et son regard s'assombrit.

Maman dit d'une voix douce, le regard triomphant :

– Jésus n'avait-t-il pas dit : « Laissez venir à moi les petits enfants » ?

(Il me semble aujourd'hui qu'il avait alors fait le premier pas en disant cela !)

Faisant contre mauvaise fortune bon cœur, avec un sérieux inébranlable, et alors que tout le village était surpris par le « miracle », notre curé se pencha sur moi, inclina son visage, tendit l'ostensoir et me bénit.

Les villageois rapportent qu'à ce moment-là j'ai sorti un petit bout de langue rose, que j'ai plissé ensuite ma bouche en un sourire d'ange... N'était-ce pas de bon augure ? Quel que fût mon destin, il comporta toujours une part de bonheur – si petite soit-elle – pour me combler.

Mon enfance à la ferme

Mon nom est Rose, je suis la « reine des fleurs ». Pas une rose majestueuse et parfumée, éclose dans un beau jardin cultivé, non, une simple rose sauvage, née dans un champ caillouteux et couvert de chardons. La bise froide des aléas de la vie soufflait fort sur cette rose fragile et, bien souvent, lui arrachait des pétales de larmes.

Les années de ma jeunesse ont marqué le reste de ma vie. J'ai réalisé bien plus tard combien nous travaillions dur. Mes parents n'étaient pas insensibles, mais très rudes. Ils n'avaient pas le temps de se pencher sur eux-mêmes, ni sur leurs enfants. L'autorité de mon père s'exerçait à tout moment. Inutile de discuter ; lui savait. Il ne se refusait pas le droit du plus fort. Fort heureusement, sa conscience lui barrerait le passage de la violence. Ma mère ne me manifestait guère son affection, qu'elle ne pouvait me transmettre puisqu'elle-même en avait été privée. J'ai beaucoup souffert de ce manque de tendresse et, si je cherchais à l'embrasser, elle me repoussait, n'étant pas habituée aux témoignages d'affection. La vie paysanne ne laissait guère de place aux cajoleries. Je savais que je ne pouvais pas la changer et mon cœur, si jeune et déjà si meurtri, a bien dû accepter cette situation. Je n'avais pas le pouvoir de transformer en réalité ce désir de tendresse. Que de volonté mettais-je à résister à ce chagrin ! Mais je n'étais que la fille d'une pauvre petite paysanne.

La valeur d'un paysan ne se mesurait pas à l'intelligence de son cerveau, mais à l'épaisseur de ses biceps. Le cultivateur cultivait ses champs, et les riches leur cerveau. Mon père ne voyait pas à quoi cela pouvait servir d'apprendre ; il n'avait pas idée de ce qu'était l'instruction... Surtout pour une fille ! Cela lui semblait bien inutile. À l'école, la maîtresse nous enseignait la cuisine, la couture, le raccommodage. L'histoire sainte passait avant l'histoire de France. La vie de Jésus était considérée comme plus intéressante que la vie de nos nombreux rois. Le cours de géographie se limitait à la connaissance des mers bordant la France et aux fleuves qui s'y jetaient. À quoi bon approfondir ? On ne sortait pas du canton. On se mariait au village ou dans les environs. À l'école, on perdait son temps, aussi mon père m'en sortait-il à tout instant, car le travail des champs était primordial. Lorsqu'il arrivait devant l'école, il arrêtait son attelage et, d'une voix assez forte pour être sûr que la maîtresse l'entende, tonnait : « Oha ! », ce qui signifiait « Stop ! » pour les bêtes. Sœur Vitaline, notre maîtresse, qui m'appréciait beaucoup, levait la tête, réajustait sa cornette et, pleine de compassion, me regardait :

– Va, mon enfant !

Mon père me cherchait à l'école en pleine dictée ou au milieu d'une rédaction. Comme une esclave, je devais me plier à ses exigences, sans aucun pouvoir de me libérer. Le plus dur, c'était de reprendre ma place, avec mes vêtements trempés de sueur, mon tablier souillé par le travail de la terre. La plume collait à la paume de ma main crasseuse lorsque je la trempais dans l'encrier. Mais chaque médaille n'a pas que son revers. Ces corvées humiliantes m'incitaient à m'élever et à me libérer de ma triste condition paysanne. Du matin au soir, jamais une femme ne passait alors sa vie les mains inoccupées. Si l'on ne tricotait pas, on récurait, on raccommodait ou on cousait. Le dimanche, on se reposait sur les bancs de l'église, on joignait ses mains fatiguées, et on priait. C'était le seul moment de répit (si on pouvait appeler cela ainsi).

Le rythme était soutenu. À 8 heures du matin, distribution de la communion ; à 10 heures, la grand-messe ; à 14 heures, les vêpres ; à 15 heures, l'heure de Marie et à 19 heures, la journée s'achevait par les complies. Entre ces distractions, il fallait encore traire les vaches, écrémer le lait, s'occuper des enfants, des cochons, du clapier, du poulailler et accommoder les repas...

Mes parents avaient construit leur ferme de leurs mains. Quand ils furent en mesure de pendre la crémaillère, nous n'avions que le strict minimum, quelques meubles et la vaisselle indispensable. La priorité n'était pas au confort ménager. Le moindre bénéfice était consacré à l'achat de la terre, cette terre nourricière qui nous faisait vivre. Ensuite seulement venait l'achat du matériel agricole et, en dernier lieu, quelques bouts de tissu pour confectionner nos modestes habits.

Nous allions à l'école avec des tabliers raccommodés et des sous-vêtements misérables. L'hygiène faisait cruellement défaut : nous n'avions pas d'eau courante et n'imaginions pas l'existence d'une salle de bains ou d'un W.-C. Il nous suffisait d'aller dans l'étable, derrière les vaches. Celles-ci étaient d'ailleurs presque mieux loties que nous. Les braves bêtes nous donnaient leur lait matin et soir, tous les ans un veau que nous espérions vendre pour aplanir nos difficultés financières. Elles étaient nos bêtes de trait, qui tiraient aussi bien la charrue que la charrette. Aussi, notre crainte par-dessus tout, c'était qu'elles tombent malades, car, si l'une d'entre elles venait à crever, c'était notre revenu qui disparaissait...

En 1933, la peste porcine emporta notre élevage de porcs. Pire, une des vaches creva avec le veau qu'elle portait en elle ; il fallut payer le vétérinaire. Puis, comble de malchance, maman se trouva fort mal deux mois plus tard, des suites de l'accouchement prématuré d'un mort-né – ce qui m'avait, naturellement, été caché.

La sécurité sociale n'existait pas. Mon père me fit comprendre que nos problèmes ne regardaient que nous : il fallait garder la tête haute dans l'adversité. Toutes ces misères me forgèrent dès mon plus jeune âge un caractère de battante. On me trouvait toujours aux avant-postes et j'ai eu souvent à payer cher de ma personne. Et c'est en travaillant que j'ai toujours pu trouver solution à tout.

Ma chambre

L'habitation de notre ferme se résumait au début à une grande cuisine et deux chambres. Faute de moyens, l'étage n'était pas terminé. À six ans, je devais partager le lit avec mon frère de quatre ans. Il me donnait des coups de pied. Naturellement, je les lui rendais et cette bataille quotidienne ne prenait fin qu'après une bonne claque à chacun.

Un beau jour, papa m'annonça qu'il allait aménager l'étage et y construire trois chambres, grâce au produit de la vente de notre nichée de porcelets. Je ne me tenais plus de joie et me proposai immédiatement de monter avec lui, pour mesurer la surface des murs à ériger, évaluer le nombre de hourdis, ces larges briques creuses qu'il faudrait acheter pour réaliser les cloisons. Papa s'était lancé dans une série de calculs, avec un crayon qu'il avait taillé avec un couteau de cuisine. Bien vite, les chiffres s'embrouillèrent et j'étais encore bien petite pour l'aider !

– Et puis zut, le marchand n'aura qu'à se débrouiller avec le dessin !

Papa s'épongea le front après ses calculs laborieux et je courus jeter un coup d'œil à nos porcelets. Les voyant encore bien petits, je leur tendais en douce des baquets de blé pour qu'ils grandissent plus vite. Nos bêtes, plus que rassasiées, engraissaient rapidement, au grand étonnement de mes parents. Ils en conclurent que le nouveau verrat, celui que ma tante venait d'acheter et qui avait honoré notre truie, avait fait du bon travail.

Un beau matin, voyant les sacs de blé, destinés aux semailles, presque vides, papa découvrit le pot aux roses. Il ne lui fallut pas longtemps pour trouver l'auteur du délit. Mes fesses me tiraillèrent encore longtemps après. Nos porcs de première qualité, bien dodus, furent vendus à bon prix. En rêve, je me voyais déjà en Blanche Neige, dans un beau lit au milieu d'une chambre toute neuve.

Une nuit, un peu après l'épisode de porcelets, j'entendis un bruit issu de la chambre des parents. Maman repassait sans cesse par notre chambre. Je ne comprenais rien à ce va-et-vient continu. Inquiète, je demandai :

– Maman, tu es malade ?

– Mais non, dors, tu vas réveiller ton frère !

Je me glissai hors des draps et vis, par l'entrebâillement, papa en train de faire du feu dans la cuisinière. Ce n'était pas dans ses habitudes. Il saisit deux seaux pour traire les vaches. Si tôt le matin ? Cela devenait de plus en plus mystérieux ! Fatiguée, je retournai au lit. À peine endormie, maman me réveilla :

– Habille-toi, tu vas partir à Bust chercher les hourdis pour faire ta chambre.

Le jour commençait à peine à poindre. Le village de Bust était quand même distant de huit kilomètres !

– À cette heure-ci ?

Je frottai mes paupières encore toutes lourdes. Pressée de me voir quitter la maison, elle me dit :

– Qui doit faire un long voyage part de bon matin !

Beurre-toi des tartines, je te prépare un lait chaud, pendant que papa attelle les vaches.

– Mais papa ne vient pas ?

– Non, tu y vas seule, tu es assez grande maintenant.

Dans ma tête se mêlaient inquiétude, fierté et joie. Ma chambre allait enfin se réaliser.

J'avalai mon petit déjeuner et enfouis dans ma poche le précieux papier où papa avait noté ses calculs inachevés. Il m'attendait dehors ; tout en me calant entre deux sacs de foin, il desserra les freins de la charrette et me dit, l'air préoccupé :

– Je sais que je peux compter sur toi.

Puis il me tendit le fouet et lança :

– Hue, Fanny, hue, Julie !

Et me voilà partie pour Bust, pas très rassurée toutefois. Je ne suis pas restée longtemps assise, préférant trottiner à côté de nos braves vaches. Je leur expliquai :

– Si la traite a été si matinale, c'est à cause de ce voyage, pour construire ma chambre !

J'étais sûre qu'elles me comprenaient et me pardonnaient. Arrivée à destination, je vis passer un jeune homme, portant un fagot de bois sur l'épaule. Je lui demandai :

– C'est bien ici que l'on vend des hourdis ?

Il jeta sa charge et courut frapper au carreau. La tête d'une femme apparut. Pointant son index vers moi, il lui dit :

– Regardez la petiote, qui vient chercher des hourdis.

Puis il revint vers moi et me tira très fort les oreilles.

– Aïe, vous me faites mal, qu'est-ce qui vous prend ?

Il laissa alors éclater un rire idiot.

– Je voulais voir si tu étais déjà « sèche derrière tes oreilles [1] ».

La dame referma le carreau, sortit et me dit :

– Excusez-le, il n'est pas sain d'esprit.

Le patron arriva. Je lui donnai le billet de la commande, puis descendis mes sacs de foin. Pendant que mes bêtes s'alimentaient, et que son mari chargeait la charrette, la brave dame me régala d'une bonne soupe et d'un morceau de clafoutis. La charrette remplie, je pris le chemin du retour, très fière de moi.

Une surprise de taille m'attendait au retour : la sage-femme m'avait « apporté » un deuxième petit frère. Je ne comprenais pas pourquoi mes parents l'avaient accepté, l'étage n'était pas encore commencé !

Les temps ont changé, les aînés ne sont plus éloignés lors des naissances et les accouchements se déroulent le plus souvent à l'hôpital. Quant aux mamans, elles ne cachent plus leur grossesse sous d'amples vêtements, et les sages-femmes ne sont plus rémunérées par un jambon et quelques légumes.

1. « Die isch ja no nit emol trocke hinter de Ohre ! » Traduction littérale de « Elle n'est même pas sèche derrière les oreilles ! » Expression qui signifie que l'on est considéré comme trop jeune pour réaliser telle ou telle chose.

La toilette du petit frère

C'est le temps des moissons. À 14 heures, mes parents partent faucher le blé. Lorsque maman s'absente pour les travaux des champs, elle emmène mon frère, qui est déjà assez grand, et me laisse m'occuper du bébé après l'école. Elle me fait entièrement confiance, je viens d'avoir sept ans ! Après la classe, j'ai hâte de m'occuper du bébé. Pour rentrer dans la maison fermée à clef, je dois emprunter le passage des poules. Franchir ce trou très étroit dans la porte de la grange n'est pas une sinécure. La logique m'impose de me coucher sur le flanc. Une fois ma tête engagée, je dois rentrer mes épaules et serpenter, pour arriver à passer.

En montant l'escalier, j'entends le bébé s'époumoner en hurlant. Plus j'avance, plus le volume sonore s'amplifie. La chaleur étouffante ne rend pas cette chambre close particulièrement odoriférante. Une fois la fenêtre et les volets ouverts, un spectacle horrifiant se dévoile à moi. Du poupon, je ne vois plus que le blanc des yeux : il est complètement éclaboussé par la diarrhée. Tout le berceau, la literie et mon frère en sont maculés. Le pauvre se tordait sûrement depuis un certain temps. Je le trouve dans une rage épouvantable, hurlant si fort que son corps en devient rigide, son visage écarlate et ses poings contractés. Affolée par cette situation, je me demande si je suis de taille à le sortir de ce pétrin. Hardie, je prends mon courage à deux mains, commence par retrousser mes manches, et ouvre toutes les portes de la chambre, de la cuisine et du couloir.

Puis j'emporte dans mes bras mon bébé dégoulinant de tous côtés et le dépose devant la maison. Après l'avoir assis dans l'auge où il reste un fond d'eau stagnante, j'attrape la brosse à chiendent posée sur le bord et commence à frotter mon petit frère. Ce traitement radical augmente ses hurlements. Mais pour régler ce problème de propreté, je ne vois pas d'autre solution ! Au même moment, une paysanne revenant des champs passe par là et, interloquée par mon attitude, hurle :

– Veux-tu arrêter, tu vas le tuer !

Je lui réponds :

– C'est de sa faute, maman l'avait trop bien langé !

Puis je pompe deux, trois coups d'eau sur sa tête : le voilà douché.

Je prie cette dame de bien vouloir s'asseoir sur le banc d'en face, à l'ombre du hangar, et de me tenir le petit, le temps pour moi de chercher une serviette et de la layette propre. Quand je reviens, mon bébé, calmé, enfonce son poing dans sa bouche pour chercher sa première dent de lait qui venait de percer. La dame, très gentille, m'aide à l'emmailloter. Pendant que le biberon chauffe sur le réchaud à pétrole, je change la literie, saisis une serpillière pour enlever les traces que ce Petit Poucet a laissées de la chambre jusqu'aux escaliers. Mon bébé n'a pas besoin d'une berceuse pour s'endormir. Exténué par tant de souffrances et le châtiment que je venais de lui infliger, il parvient à peine à avaler quelques gorgées de lait. Il est assommé et vite endormi ; je le dépose avec tendresse dans son berceau bien propre. Vers 19 heures, maman trouve mon petit frère gigotant de joie et fabriquant de grosses bulles de salive. Quelle journée !

Sœur Vitaline, ma maîtresse d'école

Fin septembre, les paysans avaient hâte de récolter leurs pommes de terre avant le 1er octobre, jour de la rentrée scolaire. Chaque matin, mon père scrutait le ciel ; la météo n'était guère encourageante, les trains de nuages se succédaient et déversaient leur contenu. Les vacances scolaires touchaient à leur fin, la récolte n'était pas encore terminée. Papa ne cachait pas son inquiétude ; les semailles d'hiver devaient être faites avant le gel du sol. Vaille que vaille, il fallait sortir ces pommes de terre du sol détrempé. Un jeudi, jour de congé, nous nous attelâmes à cette tâche ingrate.

Le soir, en passant devant l'école, papa supplia l'institutrice de bien vouloir m'accorder la journée du lendemain. Celle-ci se montra hostile :

– Vraiment, vous exagérez ! La petite est plus souvent aux champs qu'à l'école !

Elle finit par céder :

– Bon, mais seulement pour la matinée.

Par ce temps rébarbatif, encapuchonnés de sacs de pommes de terre, nous bravions la douche venue du ciel, mais nos travaux n'avançaient que très lentement, la glaise collant aux pommes de terre. La cloche de l'église sonnait midi, j'avais l'estomac dans les talons. De temps en temps, je sortais de ma poche un quignon de pain. Je commençais à m'inquiéter : qu'allait dire sœur Vitaline ? Je serai sûrement en retard.

Arrivé vers 14 heures devant l'école, mon père tira la sonnette pour offrir un sac de pommes de terre à la religieuse en récompense de son indulgence. La sœur me fit signe de rentrer. Je lui montrai mon accoutrement.

– Viens. Cela ne fait rien. Nous sommes en train d'apprendre une fable de La Fontaine. Je sais que tu aimes la poésie ; comme ça, tu pourras te reposer un peu.

Nous apprenions ce jour-là *Le Laboureur et ses enfants*. Et voilà qu'on toqua à la porte... Je pensai d'abord qu'il s'agissait de mon père, mais c'était un inspecteur. Vraiment, ce n'était pas le bon moment, ni pour la sœur ni pour moi. L'inspecteur avait une belle peau blanche qui contrastait violemment avec la mienne, brûlée par le soleil ardent pendant la fenaison et la moisson.

– Alors, laquelle de vous va réciter la fable ?

La sœur me fit un signe ambigu. J'observais son regard, mais ne comprenais pas si je devais me lever et réciter, ou si je devais me taire. Par témérité, je pris le parti de suivre la première solution. Je me levai, tendue et honteuse de mon apparence, et commençai à réciter en cachant mes mains sales derrière mon dos. La droite, enflée, me cuisait douloureusement suite à la brûlure causée par une touffe d'orties accrochée au panier de pommes de terre. J'avais bien essayé de me laver les mains en les trempant dans une flaque d'eau avant de rentrer, mais celle de droite me faisait tellement souffrir que je l'avais enveloppée dans mon tablier sale. En me voyant dans ce piteux état, l'inspecteur me toisa. Dans ma grande détresse, j'implorai la sœur des yeux. En vain. Elle n'osait pas avouer à l'inspecteur qu'elle m'avait donné congé et que je revenais des champs. Le règlement l'interdisait formellement, sinon certains paysans auraient plutôt envoyé leurs enfants aux champs qu'à l'école. Mon inspecteur à la grande moustache de gendarme, noire aux reflets bleutés, m'inspirait une indicible angoisse. D'une voix coupante, il nous ordonna de sortir nos ardoises pour une courte dictée improvisée : « Ce matin, ma maman ne faisait aucun effort pour envoyer sa fille proprement à l'école. » Le visage caché par les larges pans de sa cornette, la sœur me mimait :

– Faisai : ai ; effort : deux f...

L'inspecteur prit mon ardoise et, d'un air goguenard, murmura en secouant la tête :

– Un sans faute.

Il commença à corriger la dictée imparfaite des autres élèves, puis s'adressa à la sœur :

– Vous avez combien d'élèves dans le cours moyen ?

– Cinq, quatre plus une redoublante, mais aujourd'hui, il y a une absente pour cause de maladie.

– Désormais, vous devez plus vous occuper des autres que de cette... Il n'osait dire « pestiférée ». Avec un remarquable esprit de repartie, la sœur lui répondit :

– Avec tout le respect que je vous dois, monsieur l'Inspecteur, vous faites erreur. Je ne m'occupe que des autres ; celle-ci apprend toute seule.

Sa réponse avait mouché ce beau monsieur.

– Bon. Tout le monde efface son ardoise, sauf toi ; tu la montreras en rentrant à ta maman, dit-il en me fixant durement.

– Mais, monsieur l'Inspecteur, ma maman ne sait pas lire le français !

– Tu n'as qu'à lui expliquer. Et vous, ma sœur, qu'est-ce que vous attendez pour faire une quête afin d'acheter une brosse et un morceau de savon à sa maman ?

Mes copines effacèrent leurs ardoises, et l'inspecteur regardait si j'osais faire de même. Du revers de la main, j'essuyais les larmes qui coulaient sur mon visage. L'inspecteur, assis au pupitre, s'adressa à moi dans un français parfait :

– Apporte ton ardoise ; je vais écrire un mot en allemand pour ta maman.

Pendant qu'il écrivait, je fixais tristement ses chaussures en box-calf marron bien cirées, qui juraient cruellement avec mes souliers montants, cloués et crottés, aux œillets retenus par un bout de ficelle. Les nœuds de ses lacets brillants, de couleur beige, se mariaient si bien avec le marron et auraient bien embelli, le dimanche, les tresses de ma chevelure.

Après qu'il eut enfoncé ses reproches acérés dans la chair douillette de mon amour-propre, je regagnai ma place, tête baissée, en tenant mon ardoise dans la main. Mes copines, jalouses de mon « sans faute », s'esclaffèrent d'un rire moqueur. Vraiment, c'était trop insultant pour maman. Au moment où je rejoignis mon banc, je laissai glisser exprès mon ardoise. La voilà brisée en mille morceaux ! D'un air satisfait, je pensai : « La voilà aussi effacée ! » Je montrai à l'inspecteur ma main enflée. Sœur Vitaline n'était pas dupe. Elle cligna de l'œil, semblant dire : « Ma fille, tu as bien fait. »

L'inspecteur parti, je levai le doigt en demandant à sortir pour me soulager. Dehors, je pleurai tout mon saoul pour me libérer de la vilenie de l'inspecteur à mon égard. Je sentais croître en moi l'espérance qu'un jour viendrait où, moi aussi, je serais libérée du joug que m'imposait la vie paysanne. Après m'être calmée, je rejoignis la classe où sœur Vitaline m'attendait pour me consoler ; elle regrettait de n'avoir pu intervenir en ma faveur. Elle aussi tremblait et s'attendait à être sanctionnée. Quatre heures sonnèrent, l'école était terminée. Je retrouvai mes parents, rompus de fatigue, se lamentant sur cette mauvaise récolte. Je ne pipai mot de l'incident.

Le lendemain matin, je trouvai à une extrémité de mon banc une ardoise neuve à laquelle pendait une cordelette retenant une éponge mouillée et, à l'autre, un petit carré de drap molletonné au milieu duquel était brodé un petit cœur de six points de croix en fil rouge. Étonnée et surprise, je regardai la sœur qui se pencha sur moi et me glissa d'une voix tendre à l'oreille : « Pour me faire pardonner. » Telle était Sœur Vitaline... Ce petit fil de coton rouge a enrubanné mon cœur, je ne l'ai jamais oublié.

Peu de temps après, ma maîtresse, venue voir mes parents, leur montra le blâme de la mère supérieure, l'avisant de sa mutation. L'inspecteur avait écrit que ses élèves étaient les plus sales et les plus insolents du canton. Mon père alla trouver le maire. Les villageois, mis au courant, étaient même prêts à partir à pied vers le couvent de Saint-Jean-de-Bassel, près de Sarrebourg, pour garder sœur Vitaline parmi nous ! Le dimanche suivant, par un temps frisquet, sous un ciel floconneux, le maire et mon père partirent en calèche en direction du couvent. La mère supérieure, apprenant du maire et de mon père la cause véritable de cet incident, revint sur sa décision.

J'ai souvent pensé à la sœur lorsqu'elle me disait :

– Ma fille, ne crains jamais les ombres, car elles sont le seul indice pour te dire que, tout près de toi, luit la lumière.

En 1940, les nazis ont interdit à notre institutrice d'enseigner et l'ont expulsée du logement de l'école. Le village entier se mobilisa pour transformer une petite maisonnette délabrée en un nid bien douillet pour elle. Sœur Vitaline n'avait pas besoin de ses cartes de ravitaillement : les œufs, le beurre, la viande, la farine lui parvenaient toujours gratuitement. Elle passait son temps à s'occuper de la décoration de l'église, rendre visite aux malades, prier pour nos soldats et, surtout, coudre des drapeaux tricolores en attendant la Libération. Elle passa jusqu'au dernier jour sa vie au village. À sa mort, j'avais depuis longtemps quitté la ferme du Windhof.

Lors de son enterrement, au couvent, je n'étais pas seulement venue pour représenter ses anciennes élèves, mais aussi pour lui témoigner une dernière fois toute mon affection. Au moment de la cérémonie, au cimetière, des hirondelles virevoltaient et gazouillaient leur chant d'adieu. La sœur avait beaucoup d'affinités avec ces oiseaux ; ne portaient-ils pas la même robe que les sœurs de la congrégation dominicaine ? Au printemps, elle guettait leur retour avec impatience. Lorsqu'elle apercevait la première, elle tapotait des mains et trépignait de joie :

– Mes enfants, levez-vous vite !

Elle saisissait son violon et nous entonnions un chant mélodieux : « Les hirondelles sont de retour, vivent les beaux jours ». C'était la fête, la joie, la liesse. De son pupitre, elle les observait souvent faire mille tours en transportant dans leur bec des boules de terre, tirant des brins de paille du fumier pour construire leur nid dans le hangar en face de l'école. Elle a su nous inculquer l'amour et le respect de la nature. Après la cérémonie, je suis restée seule, immobile devant sa tombe. Je regardais les croque-morts jeter des mottes de terre et chaque pelletée emportait la grammaire, les verbes et les conjugaisons, l'histoire sainte, l'histoire de France et la géographie, la dictée et les récitations. La dernière emporta mes années de jeunesse et referma à tout jamais le livre de ma scolarité.

Lorsque je sortis du cimetière, par l'entrebâillement de la porte, une chatte noire, tachetée de blanc, pareille à l'ancienne mascotte de l'école, vint se frotter contre mes jambes, la queue en l'air, en quête d'une douce caresse. Un léger frisson me traversa tout le corps. J'ai dû lutter contre l'émotion : « Ils sont tous venus pour la mama », pensai-je. Comme dans la chanson de Charles Aznavour, « ils étaient tous là », le maire, les anciennes élèves, les hirondelles et le chat. Oui, tout le monde était là, sauf l'inspecteur, retenu ce jour-là par d'autres occupations.

Sœur Vitaline, solide, courageuse, vaillante – une Alsacienne dans le vrai sens du terme –, était née à Kilstett, près de Strasbourg. Elle repose au couvent de Saint-Jean-de-Bassel. Paix à son âme valeureuse.

Le jambon et le général

Au début des années 1930, notre maire se lança dans des travaux plus modernistes. Il avait conçu le projet de construire une coopérative laitière, à condition que mon père s'engage à vendre le beurre. Papa arrivait facilement, deux fois par semaine, à écouler cette denrée fortement appréciée, dans les plus grands restaurants de Strasbourg. Un jour, un cuisinier lui demanda de lui procurer un jambon fumé de première qualité. Il devait servir lors du repas d'adieu d'une haute personnalité de la République.

La semaine suivante, papa me promit de m'emmener à Strasbourg si j'avais la force de porter ce gros jambon. Pensez donc ! La môme que j'étais, qui n'avait vu que la bourgade voisine, aurait porté tous les jambons du monde pour découvrir cette belle ville ! Je ne pouvais m'imaginer des trains circulant au milieu de la route, une église dont la flèche transperçait les nuages, des cochers transportant en calèches d'élégantes dames. J'avais l'impression d'aller vivre un conte de fées.

Fébrile, dès 3 heures du matin, déjà prête et endimanchée, j'allais réveiller mon père, de peur de manquer le train qui partait à 7 heures. Il me renvoya et je m'endormis... sur une chaise de la cuisine, la tête posée sur la table. Quand l'heure du départ fut arrivée, nous nous empressâmes de tirer une charrette bien remplie et, après quatre kilomètres de marche à pied, prîmes l'Eselbahn, le petit train de l'âne, jusqu'à Lutzelbourg. Lorsque le Paris-Strasbourg fit son entrée dans la gare, le souffle puissant de la locomotive à vapeur me procura un terrible frisson. Je n'étais habituée qu'à notre petit train, dont la locomotive demandait de l'aide pour monter la pente. Installée sur un banc de bois, près de la fenêtre, mes petites jambes coincées entre de grands paniers remplis de beurre, je piaillais de plaisir lorsque le train traversait les tunnels.

Après Saverne, de grands champs de choux défilaient sous mes yeux. Papa disait que ces énormes cabus allaient devenir la célèbre choucroute d'Alsace. J'allais de découverte en découverte. Ma joie se transmettait aux autres voyageurs, amusés par les découvertes de cette petite.

À la descente du train en gare de Strasbourg, des gendarmes hurlaient sur le quai pour évacuer rapidement les voyageurs : « Vite ! Vite ! Dégagez ! » Bousculée, je me débattis comme un beau diable, traînant le sac qui contenait le jambon tandis que papa, portant de ses bras robustes les grands paniers, me jetait des regards anxieux. Dans ce tumulte, je descendis l'escalier, écrasée par ma charge et houspillée par tous ces gens pressés.

Enfin, arrivés devant la gare, nous nous rendîmes compte que les abords étaient envahis par une immense foule, contenue par des barricades. Elle était venue pour admirer le cérémonial d'une revue qui venait de débuter. Les militaires, en tenue de parade, rendaient les honneurs au général Brécard sur le point de quitter son poste de gouverneur militaire de Strasbourg, le 12 octobre 1932. Les policiers se montraient toujours plus pressants. Mon père posa promptement ses paniers pour me mettre le sac sur l'épaule. Comme je le réceptionnai mal, le jambon glissa le long de mon dos, ce qui me fit virevolter comme une toupie. Je fus retenue prestement par un brigadier et ne parvins plus à rejoindre papa, arrivé de l'autre côté des barricades ! Je trépignai de peur et mes petites culottes souillées tombèrent alors sur mes souliers. La troupe au garde-à-vous riait sous cape et le général fit de même. Frappé par la témérité de ce petit bout'chou, haut comme trois pommes, qui s'agrippait de toutes ses forces à son sac, il s'avança vers moi. Honteuse et confuse, je baissai la tête, les yeux rivés sur mes culottes. Alors, le général me leva le menton et me dit : « Comment t'appelles-tu ? » Je ne comprenais que quelques bribes de français, néanmoins je devinai qu'il me demandait mon prénom. L'air gêné, je bredouillai : « Rosalie ». Séduit par mon courage, il me donna une tapette : « Brave, brave Rosalie ! » Comme « brave » signifie « gentille » en dialecte, je le gratifiai d'un beau sourire. Là-dessus, le général fit claquer ses talons et m'adressa un salut militaire sous les applaudissements des badauds, plus captivés par ce spectacle inédit que par la revue elle-même. Inutile de dire que mon père n'était pas peu fier !

Par la suite, papa apprit qu'au cours du déjeuner donné en l'honneur du général Brécard, celui-ci ne tarit pas d'éloges sur le succulent jambon, sans se douter qu'il avait été apporté par la fillette qu'il venait de rencontrer.

Vive la France !

Mes corvées accomplies, je m'empresse de faire mes devoirs, surtout d'apprendre par cœur le poème que Sœur Vitaline a composé spécialement pour le jour de la fête nationale, où j'aurai l'honneur de réciter ce texte patriotique devant le conseil municipal au grand complet et les pompiers en tenue de parade.

Le 14 juillet arrive. La tête bien pleine, après une bonne partie de la nuit passée à apprendre ce poème, je le récite sans faille, en ponctuant chaque strophe à intervalle régulier. Il est resté ancré dans ma mémoire pour la vie. Le voici :

Vive la France, mon bien-aimé pays.
Fille aînée de l'Église, sois bénie.
Que Dieu te protège le jour comme la nuit,
Que du nord au sud sur toi le soleil reluit !
Bénis aussi nos terres lointaines,
N'oublie pas notre terre, la belle Lorraine,
Nos vaillants soldats, toujours debout,
Et, toi, l'ennemi, à genoux !

Tous m'applaudissent, bien qu'ils ne comprennent pas grand-chose au texte. Quel soulagement pour moi, car mes connaissances en français étaient encore fort limitées. Sœur Vitaline, dont l'ardeur patriotique n'avait d'égale que sa ferveur religieuse, rougit de fierté. Le maire, un vieux bougre de paysan, se met à grommeler, la mine renfrognée :

– Tu ne pouvais pas le réciter en allemand ?

Sœur Vitaline lui répond vivement :

– Monsieur le Maire, nous sommes maintenant Français et espérons le rester à tout jamais.

Nos paysans n'étaient guère accoutumés à notre langue nationale. Ils ne s'exprimaient qu'en dialecte, qui avait beaucoup de racines communes avec l'allemand, « cette langue à gros sabots », comme disait notre sœur. Elle nous enseignait les finesses de la langue française et nous punissait si nous ne faisions pas de louables efforts pour parler français pendant les récréations.

Les vacances commençaient le 14 juillet, ce qui réjouissait nos parents. Nous pouvions enfin consacrer tout notre temps aux travaux de la ferme et des champs. Les vacances avaient alors le merveilleux goût du labeur. Comme les enfants de la ville devaient nous envier ce paradisiaque contact avec la nature !

La luzerne

C'était un jeudi matin, au début du mois de juin. Au petit déjeuner, j'entendis mes parents discuter entre eux, se demandant s'ils devaient retourner une fois de plus les javelles de luzerne ou s'il était préférable de la mettre sur le tas afin de l'engranger. Il faisait déjà lourd et les hirondelles volaient bas. Si jamais un orage éclatait, la luzerne perdrait la moitié de sa valeur nutritive. Les vaches trouvent dans cette plante très azotée les nombreux éléments dont elles ont besoin pour produire un lait de qualité. Avant de partir, papa me recommanda chaudement de scruter le ciel de temps en temps :

– Si jamais tu vois des nuages s'assombrir, apporte-nous vite la charrette.

Je lui répondis :

– N'oublie pas de décrocher les licols et de les poser au bas du mur de l'étable, pour que je puisse les emporter.

Peu de temps après, j'aperçus par la fenêtre un nuage lourd et bas au-dessus de la forêt, annonçant un orage imminent. À l'étable, nos vaches, Julie et Fanny, étaient encore vautrées sur leur litière. Couchées, elles me facilitaient la tâche. Harnacher était une besogne difficile pour un enfant de huit ans, mais, aux yeux de mes parents, j'étais déjà une grande, car ils avaient besoin de moi dans leur travail quotidien. Prête, Julie se leva et Fanny, sa compagne de labeur, fit de même. Elle n'était pas encore équipée de son licol et je ne savais comment m'y prendre. Une réflexion paternelle me revint en mémoire : « Pour résoudre un problème, il faut prendre conscience que tu as la force en toi et, si ta détermination est assez grande, tu y arriveras. » Stimulée, je grimpai sur la mangeoire pour hisser le licol, mais me heurtai à un obstacle : les cornes de Fanny. Les surmonter demandait de prendre de la hauteur. Une chaise à haut dossier ferait sûrement l'affaire. J'aurais mieux fait de m'abstenir. Le poids du licol la fit basculer. Je tombai lourdement sur le sol. Après quelques minutes dans un état d'inconscience, je me réveillai et découvris en ouvrant les paupières le licol coincé entre ma poitrine et mon avant-bras. J'essayai de me dégager à l'aide de mon autre bras. Une douleur terrible me déchirait la nuque. La sagesse de Julie (bête de trait, donc très docile) l'empêcha de me piétiner. Elle me laissa m'agripper à sa patte pour me relever. Debout, je me rendis compte que mes doigts étaient couverts d'un mélange de sang et de bouse.

Je sortis pour appeler mon petit frère qui jouait aux billes devant la maison. Il pompa de l'eau sur ma tête penchée au-dessus de l'auge. L'eau fraîche calma ma douleur. Puis je rentrai dans la maison et trouvai un pan de chemise d'homme, le pliai en bandeau et le trempai dans une assiette d'eau-de-vie, seul désinfectant existant dans la maison.

Je retournai à l'étable, car je devais trouver une solution. Je saisis de nouveau le licol et, miracle, Fanny se tourna vers moi, la tête baissée, la position idéale pour le lui passer autour du cou. Influence de la Providence ou simple instinct animal ? Le temps se gâtait, le ciel s'assombrissait de plus en plus. Mon accident m'avait fait perdre un temps précieux. J'accélérai la cadence de mon attelage, tout en appréhendant les reproches causés par mon retard.

Lorsqu'il me vit enfin arriver, papa, furieux, montrant un poing rageur, me tança :

– Regardez-moi ça ! Ma fille prend tout son temps pour se pomponner et se coller un turban sur le ciboulot pour faire la fiérote ; et nous, on attend qu'elle arrive.

Une onde de colère le traversa et je reçus une volée que je n'avais nullement méritée, mais je n'osai me rebeller. Puis ce fut la course contre la montre pour charger la luzerne. Alors que je ratissais les brins perdus en tirant avec un grand râteau autour de la charrette, je sentis une forte douleur irradier ma nuque. Je fis une pause et m'appuyai sur le manche du râteau. Je remarquai alors que ma pauvre Fanny saignait. En tombant, je lui avais éraflé le flanc gauche avec le crochet du licol. Le frottement de l'attelage avait aggravé sa blessure, qui faisait le délice des taons. Navrée, je déposai une bise sur son museau et lui caressai les joues. En récompense, elle me passa un coup de langue rugueuse sur la figure. À peine notre charrette fut-elle chargée et bien équilibrée que la foudre embrasa le ciel. Je détalai en coupant à travers champs pour ouvrir la porte de la grange.

Haletante, je gravis l'escalier pour chercher au grenier une de ces petites couronnes bénies par notre prêtre pendant la semaine suivant la Pentecôte. En brûlant, elles avaient le soit- disant pouvoir de chasser la foudre, comme un paratonnerre le ferait de nos jours. Ces couronnes étaient tressées minutieusement avec des fleurs des champs par les petites filles. Chacune de nous rivalisait de doigté, créant ainsi des petits chefs-d'œuvre champêtres. Les miennes étaient vraiment superbes ! À l'église, pendant la bénédiction, notre curé les lorgnait et les copines me jetaient des regards envieux. Je me gardai bien de dévoiler que l'artiste était Gretel.

Cette vieille demoiselle, en raison de ses courbatures, ne parvenait plus à se baisser pour glaner les tiges de blé qui servaient à nourrir ses deux ou trois poules. Je lui proposai mon aide. En remerciement, au printemps, elle m'offrait ces véritables bijoux. Lors de son passage au couvent, une religieuse lui avait appris comment confectionner de petites couronnes fleurdelisées avec des tiges de roseaux cisaillées, puis retournées. Devenues fleurs blanches, elles étaient ensuite agrémentées de paillettes irisées du plus bel effet.

Papa avait juste eu le temps de s'engouffrer avec sa charrette dans la grange lorsque des grêlons, gros comme des œufs de pigeon, dégringolèrent du ciel pendant de très longues minutes, martelant le sol. Notre luzerne était sauvée. Lorsque je leur racontai ma mésaventure, mes parents se rendirent compte que mon turban était ensanglanté. Maman me gronda :

– Tu viens d'avoir huit ans, à ton âge, être encore si bête ! Tu aurais dû savoir. Vraiment, il n'y a pas de quoi te vanter.

Au fond de moi-même j'éprouvai un sentiment amer. Quand j'enlevai mon bandage, le sang se remit à couler. Mon père se rendit alors compte de l'étendue de la blessure et il se reprocha amèrement son accès de colère. Pour se donner bonne conscience, maman courut à l'épicerie acheter de l'acétate d'alumine et me désinfecta la plaie avec des charpies. Mon père était un homme à l'écorce rude, mais quelle tendresse à l'intérieur ! Combien de fois il poussa la porte de ma chambre à coucher pendant la nuit pour voir si j'allais bien. Je sentais sa main calleuse posée sur les miennes. Couchée sur le ventre, les bras en couronne autour de ma tête, je faisais semblant de dormir.

Papa me promit plus tard de ne plus me charger du harnachement de nos bêtes. Si, aujourd'hui, je peux me regarder dans la glace, je le dois à la sagesse de notre vache Julie, qui n'a pas levé son sabot. À Dieu aussi, grand merci.

Le lendemain, papa, penaud, voulut prévenir l'institutrice de mon absence. Mais je n'étais pas une mauviette et je décidai de reprendre l'école comme si de rien n'était. Avant de partir, papa désinfecta de nouveau ma plaie. Des larmes coulèrent sur son visage lorsqu'il prit les ciseaux. M'amputer de mes belles tresses épaisses était un vrai sacrilège dont il se serait bien passé. D'un geste rageur, il les jeta par la fenêtre ; le vent aidant, elles s'éparpillèrent à travers champs vers la luzernière maudite.

J'arrivai à l'école avec le béret de mon frère enfoncé jusqu'aux oreilles, pas seulement pour retenir mes charpies, mais surtout pour dissimuler ma tonsure. Me voyant affublée d'un béret en plein été, la sœur me l'arracha. Vous auriez dû voir l'hilarité de la classe à la vue de ma nouvelle coupe de cheveux. Ma copine Jeanne m'interpella :

– Hé ! Tu as commis quel crime pour que tes parents t'envoient au grenier coucher au milieu des rats ? Tu es vraiment belle ; ma foi, ils t'ont drôlement arrangée.

Toute la classe se lança dans les railleries. Je me retournai et leur montrai ma blessure tout en racontant ma mésaventure. Sœur Vitaline m'invita à ranger mon cartable et à retourner à la maison :

– Ce n'est pas le moment de surcharger ta cervelle ébranlée, va te reposer, je te donne congé jusqu'à lundi.

Après mon départ, la sœur s'inquiéta. À midi, elle alla trouver la sage-femme pour lui demander si elle avait du permanganate et si elle pouvait monter à notre ferme du Windhof pour me soigner. Elle se heurta à un refus catégorique :

– Vous ne pensez tout de même pas que je vais me déranger pour cette petite garce effrontée qui me tire la langue et fait des pieds de nez. Il n'en est pas question.

La sage-femme était la seule personne que je ne gratifiais jamais d'un sourire. Je lui en voulais d'avoir profité de mon absence pour me coller un deuxième frère. Déjà surchargée de travail, j'avais bien peur qu'elle m'en refile un troisième. Pour la décourager, en passant devant elle, je lui tirais la langue, seul stratagème trouvé pour l'en dissuader. La naissance était un sujet que mes parents n'abordaient jamais ; je ne cherchais pas non plus à comprendre, persuadée du rôle décisif de la sage-femme dans cette affaire. Dans ces temps-là, on ne connaissait pas l'accompagnement pré- ou post-natal. Les femmes enceintes travaillaient dans les champs jusqu'au dernier moment. Le lendemain d'un accouchement, elles se rendaient à l'étable pour traire les vaches ; le dixième jour, elles étaient sur pied pour aller aux champs. Les sages-femmes d'aujourd'hui, instruites, ne peuvent s'imaginer le métier d'autrefois. Les difficultés matérielles d'antan ont aujourd'hui laissé place à un grand sens des responsabilités et une exigence professionnelle de tous les instants. Je leur tire à toutes un grand coup de chapeau.

La vache, notre meilleure amie

Si je devais choisir un animal, ma préférence irait sans hésitation à la vache. Depuis ma plus tendre enfance, je lui suis attachée, elle fait partie de mon existence. N'est-elle pas l'animal le plus généreux et le plus utile sur terre ? Qui de nous n'a jamais tété un biberon de lait ? Combien de vies humaines ont été sauvées grâce à son lait, qui remplaçait le lait maternel ? Cela ne m'étonne pas que les hindous aient fait de la vache un animal sacré. Depuis des siècles, cette bête noble fait l'objet d'expressions stupides telles que : « Tu es une peau de vache », ou encore : « Tu m'as fait une vacherie ». Maintenant que l'homme l'a rendue folle, elle se rebiffe et constitue une menace pour notre santé. Si vous ne voyez pas l'amour dans son regard, cherchez du côté de son pis. Quelle générosité quand elle donne son lait !

Un été, en allant me promener vers la forêt, je me suis arrêtée devant un parcage pour admirer un troupeau de charolaises. Immobilisées à l'ombre des bois et des taillis, elles ruminaient en fouettant de leurs queues les nuages de moustiques qui les agaçaient. Survint un papa avec ses trois enfants en bas âge. Ils le questionnèrent sans arrêt sur le pourquoi et le comment de ces animaux inconnus. Avec beaucoup de patience et de savoir-dire, il leur expliqua toute la générosité des braves bêtes :

– Le bon lait chocolaté, la crème délicieuse, les tartines beurrées, sans oublier le pot-au-feu en hiver, le rôti moelleux au printemps, les tendres steaks grillés en été, le fameux hachis Parmentier à l'automne. Il y a aussi le cuir de nos fauteuils du salon. Tout cela provient de ces animaux.

Je m'apprêtais à tirer un grand coup de chapeau à cet homme qui savait si bien réhabiliter nos vaches lorsque, soudain, sa fille d'environ cinq ans lui demanda :

– Alors, papa, quand tu es très en colère et que tu traites quelqu'un de vache, tu veux dire que tu l'aimes bien ?

Une vache se détacha du troupeau et vint vers la clôture, je reculai d'un pas et pris la main du petit garçon. Celui-ci leva la tête vers moi et s'exclama :

– Zai bas beurre, une vass, e zé un zanimo zentil, mais les animals, ça, c'est très méçant. (Je n'ai pas peur, une vache, c'est un animal gentil, mais les animaux sont très méchants.)

À chacun d'en tirer sa conclusion.

La rançon du progrès

Faute de temps, les paysans n'allumaient leur four à pain que tous les quinze jours. Mais ils n'attendaient pas que la dernière miche de pain soit terminée pour effectuer une nouvelle cuisson. Le pain était si rassis que les vieux édentés ne pouvaient le manger que trempé. Aujourd'hui, il nous faut la baguette fraîche du matin !

Souvent, quand je revenais à midi du catéchisme, alors que mes parents travaillaient encore dans les champs, je coupais à mes frères une tranche de pain dans la miche dure. Cette tartine, trempée d'eau, saupoudrée de sucre et arrosée de gouttes d'eau-de-vie, appelée pour cette raison le « Schnaps-Brot », était alors engloutie en courant à l'école, car la classe reprenait à 13 heures. Heureusement, quelquefois, il restait un peu de potée à chauffer sur le réchaud à pétrole. À défaut, nous gobions des œufs frais du poulailler.

Au printemps, peu après les cochonnailles, maman et moi placions la cuve de salaison sous la descente pluviale pour récupérer les eaux de pluie. Elle y trempait alors draps, enveloppes de couettes et d'oreillers sales de l'hiver, les saupoudrait de cendres en guise de lessive. Bien trempé et essoré, ce linge était transporté dans une charrette à bras à la petite rivière distante de deux kilomètres. Savonné, battu à force de bras et bien rincé, il séchait alors sur le pré. Quel bonheur de rentrer le soir avec du linge propre ! Une joie que ne soupçonnent pas aujourd'hui les ménagères habituées aux machines à laver.

Le curé du village

Monsieur le curé, « Ha Pastor », a passé presque toute sa vie au village. Issu d'une famille aisée, il a vécu sa jeunesse à L'Hôpital, au pays du charbon, sous le joug d'un père sévère. Ce dernier avait des principes religieux qui reflétaient déjà ce qu'allait devenir notre curé au quotidien. Aux yeux de tous les villageois, sa fonction était redoutable et redoutée : tel un berger, il menait « son troupeau » à la baguette, et gare à la « brebis égarée » ! À cette époque, il était considéré comme le représentant de Dieu sur terre. Et Dieu n'était pas que miséricorde, mais plutôt perçu comme le juge suprême. Le curé ne passait dans le village que pour apporter l'extrême-onction aux mourants et, dès que les enfants l'apercevaient, ils s'éclipsaient derrière le tas de fumier devant leur ferme pour ne pas avoir à prononcer la formule rituelle : « Loué soit Jésus-Christ, monsieur le pasteur ! »

La rigueur de la discipline imposée par ce personnage me valait un véritable chemin de croix en hiver. Ainsi, lors de la messe du matin, qui commençait à 7 heures moins le quart, aucun retard n'était admis ; il valait même mieux être en avance. Réveillée dès 6 heures, avant de m'habiller je trempais mon index dans notre bénitier pour me signer. Une fois dans la cuisine, je fourrais rapidement deux tartines dans mon sac d'école, car il fallait être strictement à jeun pour pouvoir recevoir la communion. Mes convictions religieuses étaient si profondes que je n'osais même pas avaler une gorgée de lait avant de me mettre en route. Mon gros bonnet de laine enfoncé jusqu'aux oreilles, une longue écharpe enroulée trois fois autour du cou, je partais à l'église. En chemin, je recueillais dans mes mains un peu d'eau glaciale sous la gargouille de la fontaine pour me rincer la bouche : je voulais être digne de recevoir le corps du Christ. Dans le froid sibérien de l'église, je grelottais, couverte par un mince gilet de laine. Mon manteau était réservé à la messe et aux vêpres dominicales. Maman l'avait acheté deux tailles plus grand par souci d'économie : il pouvait ainsi servir pendant quatre ans. L'instant de la communion était pour moi un moment de grâce ; la réception de l'hostie m'enveloppait d'une chaleur divine bienfaisante.

Après la classe du matin, vers 11 heures, je me rendais de l'école des filles à celle des garçons. J'approchais de l'auge pour frotter mes doigts tachés d'encre sur le grès, ce qui les rendait propres. Notre curé, vêtu d'une longue pelisse, attendait les enfants devant l'entrée en tenant une fine baguette dans son dos. Malheur s'il découvrait encore la moindre trace d'encre sur les doigts. Puis, débutant la leçon de catéchisme, assis derrière son pupitre droit comme un I, il disait d'un ton sentencieux :

– Que celui ou celle qui n'était pas à la messe ce matin se lève !

Alors les coupables se voyaient obligés de copier cent fois le texte suivant : « Je ne dois pas manquer la messe du matin. » Les excuses invoquées le laissaient de marbre : la punition était doublée, voire triplée en cas de récidive.

Au printemps 1941, il se produisit une chose impensable : notre curé fut expulsé vers la ville de Pau. Sous nos yeux ébahis, deux SS le firent sortir sans ménagement du presbytère. Le teint blafard, vêtu de sa soutane luisante d'usure et coiffé de son éternel béret basque, il s'engouffra dans une vieille camionnette à côté d'un gitan. Le tocsin se mit à sonner. La vie sembla s'arrêter et tous les villageois se dirigèrent vers l'église pour implorer la protection divine. Ils regrettèrent leur curé, qui leur manquait déjà. À la fin de la guerre, notre curé retrouva sa paroisse, mais il n'était plus le même homme. Il n'aspirait plus qu'à sa tranquillité, car l'exil l'avait durement marqué, tant physiquement que psychiquement.

Aujourd'hui, dans notre monde matérialiste, devenir prêtre est considéré comme une vocation plutôt incongrue. Très dévalorisée, la fonction pastorale ne suscite plus autant d'égards. Le message des prêtres est devenu plus humain et les trajets peuvent se faire en voiture. Alors, pourquoi les églises, pourtant bien chauffées, sont-elles si désertes ?

Au confessionnal

À huit ans, j'étais apte à faire ma première confession. Pour être en parfaite harmonie avec ma conscience et de peur de descendre au Purgatoire, voire en Enfer, je débitais à mon confesseur la litanie des sept péchés capitaux. Naturellement, je m'accusais aussi d'avoir tué. Notre curé me demanda ce que j'avais tué. Affolée, je répondis :

– Un coq.

Il me reprit :

– On ne dit pas tuer, mais saigner.

Je retins la leçon et, dans les confessions qui suivirent, je ne tuais plus, je saignais. Là où le bât blessait, c'est lorsque j'avouais avoir convoité le bien d'autrui : la femme de mon prochain, son bœuf, son âne, bref, tout ce qui ne m'appartenait pas. Je demandais à sœur Vitaline la signification du verbe « convoiter » ; elle me répondit : « envier ». Je ne voyais vraiment pas pourquoi je devais envier la femme de mon prochain, ni les quadrupèdes que je n'avais rencontrés que sous formes de santons. J'enviais plutôt l'Enfant Jésus ; il était plus mignon. L'ingénue que j'étais mit du temps à comprendre la signification de ces péchés, car notre curé ne m'avait jamais éclairée à ce sujet.

C'est bien plus tard qu'un autre religieux plus avisé me renseigna. Les sept péchés capitaux n'eurent alors plus la même signification à mes yeux et ne m'interdisaient plus l'accès au Paradis.

Toute vérité n'est pas bonne à entendre

Notre ferme se trouvait accolée à un café nommé Belle Vue. Tous les ans, le cafetier organisait un petit bal pour la fête patronale du village.

Le dimanche, après l'homélie, du haut de sa chaire, notre curé fulminait contre ce bal maudit. L'enlacement d'une fille par un garçon n'était qu'un péché véniel, mais qui pouvait se transformer après le bal en péché mortel. Une fille qui se respectait devait éviter de s'y aventurer. Adolescente, j'étais encore trop ingénue pour comprendre la signification de cette mise en garde.

La fête précédait toujours la Toussaint, où il fallait aller à la communion en souvenir de nos chers disparus. La confession de la veille s'imposait. Dans le confessionnal, je fis la salutation révérencielle

– Loué soit Jésus-Christ ! Monsieur le curé, auriez-vous la bonté de bien vouloir m'entendre en confession ?

Inquisiteur, il me posa la question :

– Tu étais au bal ?

Je lui répondis :

– Oui, juste...

Il m'interrompit et me lança sur un ton acerbe :

– Hors d'ici ! Dans ce cas, je ne peux t'entendre !

– Mais, monsieur le curé, je suis simplement allée jeter un coup d'œil, je voulais regarder comment dansaient les autres. Je ne vois pas de mal à cela.

– Regarder les autres commettre un péché, c'est comme si on le commettait soi-même, c'est du pareil au même.

Habituée aux réprimandes du curé, mais très vexée, j'ai pris, comme les autres jeunes filles, le chemin de Bonne-Fontaine, où les pères franciscains, connaissant la sévérité de notre curé, nous attendaient, tous les ans, pour absoudre nos péchés.

Il ne faut pas se fier aux apparences

Maman venait de casser l'aiguille de sa machine à coudre. Je lui proposai d'aller à Phalsbourg lui en acheter une nouvelle. À dix ans, j'étais déjà « une grande fille ». Après le petit déjeuner, j'enfourchai son vieux vélo, et me voilà partie, toute guillerette. L'air était doux, la chaleur agréable et le ciel pur. J'admirai le paysage de notre magnifique région ; j'avais une envie folle de siffloter, mais grand-mère prétendait que, pour une fille, siffler était comme pour une poule coqueriquer, et que je méritais « que l'on me torde le cou » !

En chemin, je fis un petit détour par le pittoresque petit village de Graufthal pour offrir un morceau de lard à deux vieilles filles. Elles vivotaient avec une chèvre à même le sol dans une petite maison troglodyte aménagée sous les avancées rocheuses. En hiver, ces deux femmes n'arrivaient plus à descendre les marches glissantes jusqu'à la fontaine et devaient se contenter de leur réserve d'eau de pluie.

En été, quelques touristes de passage visitaient leur intérieur exigu et sombre, humide en permanence, et leur laissaient une obole. Ces maisons sont aujourd'hui encore une curiosité pour les visiteurs de la région.

Satisfaite de les savoir en bonne santé, je repris ma route. Arrivée devant la quincaillerie de Phalsbourg, je m'apprêtai à déposer mon vélo quand je remarquai l'écriteau « Fermeture exceptionnelle ». Il ne me restait plus qu'à continuer jusqu'à Saverne.

J'entreprenais la descente du col de Saverne, lorsque le Torpedo, seul frein à pédalier du vélo, lâcha. Comme j'avais déjà attendu le dernier moment pour freiner, il était bien trop tard pour m'arrêter ou sauter de ma machine devenue incontrôlable. Je paniquai. En plein désarroi, je pensai à appuyer mes deux mains sur les bouts de mon guidon, me rejetai en arrière en avançant mes jambes pour tenter de freiner avec mes pieds la roue avant. Dans cette position aléatoire, je dévalai, à une vitesse effrayante, les lacets du col sur une route très étroite et défoncée. Le sort persistait à me favoriser : pas un seul obstacle. Devant l'entrée de l'hôpital, au milieu de la descente, un camion déversait des madriers sur le trottoir. Ma pédale accrocha de peu l'un d'eux. Mes mains étaient bien trop crispées pour actionner la sonnette, je hurlai : « Attention ! Attention ! »

Un vieux monsieur, sidéré et furieux, pointait sa canne vers moi en m'invectivant, sans comprendre ce qui m'arrivait. Dans ma course folle vers l'entrée de la ville, je manquai d'écraser un beau chaton tigré.

Un policier, conversant avec une maman, s'arrêta et me tança :

– Petite folle, tu mérites une bonne raclée !

Ralentissant enfin, je laissai tomber mon vélo et m'affalai sur le trottoir, les jambes en coton. Choquée, je regardai le ciel pour y chercher mon ange gardien et le remercier. Puis, sans modestie, je rêvais de Fausto Coppi : il aurait été fier de moi, même si mon style n'était pas très académique...

Depuis, les ingénieurs des Ponts et Chaussées ont élargi la route en entaillant profondément la montagne, elle est maintenant asphaltée, les nids-de-poule ont disparu. Pourtant, lorsque je passe à cet endroit, autrefois le plus dangereux, où maintenant se trouve une aire de stationnement, je revois défiler les obstacles à toute allure...

Au retour, l'ascension du col fut moins périlleuse, mais très pénible. Après le premier virage j'étais déjà exténuée. Une belle demeure aux balcons ouvragés m'apparut. Derrière la grille, un chemin montait doucement vers un jardinet fleuri ; je regardai le jardinier tailler, avec patience et précision, de superbes rosiers. Devant le porche, une Bugatti décapotable révélait le luxe et l'opulence du maître des lieux. À gauche, trois magnifiques sapins bleus, sur un gazon anglais. À droite, un verger planté d'arbres fruitiers. Un arbre énorme pointait en l'air ses branches fourchues. L'une d'elles portait une escarpolette. Une gracieuse demoiselle, vêtue d'une robe grenat et d'un col de dentelle blanche, s'y balançait, poussée par une soubrette. Deux flots de rubans assortis à la robe ornaient les longues nattes de ses cheveux. La vue de cette adolescente, dont j'enviais la vie aisée, me rappela ma robe de coton usée que je regardai alors, attristée. Il fallait repartir, mais avant j'admirai une nouvelle fois la vue splendide : au loin, le large couloir de nature et de ciel, et à l'horizon, la ligne bleue des Vosges, nos si belles et si douces montagnes.

Arrivée au sommet du col, prise d'une envie pressante, je m'engageai dans une allée forestière, où je rencontrai une équipe de bûcherons brûlant des rameaux d'ébranchage. Il me fallait continuer jusqu'au tas de bûches grossièrement fendues. J'y posai ma bicyclette. Soulagée et fatiguée, je m'assis. Un tas de sciure, à côté, dégageait une odeur fraîche de sapin. Rêveuse, je laissai glisser machinalement cette poudre entre mes doigts, observant une araignée tisser une belle toile entre les hautes herbes.

Je me mis à lui parler, comme à une bonne fée :

– Gentille araignée, veux-tu me tisser une belle robe de velours grenat ? Je voudrais tellement lui ressembler...

Soudain, un rayon de soleil, transperçant les branches, éclaira mes mains, comme pour m'indiquer qu'elles n'étaient pas faites pour le toucher velouté.

Perdue dans mes rêveries, je n'avais pas entendu arriver un homme. Ses vieilles sandales glissant sur l'humus lui avaient permis d'avancer silencieusement. Il portait une robe de bure, ceinturée par une cordelette blanche ; je reconnus sans peine un père franciscain de l'abbaye voisine de Bonne-Fontaine. Je fus impressionnée par sa haute stature, son visage osseux, glabre et austère, l'enfoncement de ses yeux noisette, contrastant avec ses sourcils broussailleux. Il me demanda :

– Que fais-tu ici, tu t'amuses ?

– Mon père, vous voulez rire ? Moi, je ne suis pas comme la belle bichette d'en bas qui batifole dans l'herbe toute la journée !

Il me regarda sans comprendre, je poursuivis :

– La bichette d'en bas, dans sa magnifique demeure et sa belle robe, elle s'amuse. Moi, je me repose simplement quelques minutes, le col est si long à monter...

Puis je pointai mon index sur une laie qui se frottait contre l'écorce d'un châtaigner pour se débarrasser de son bain de boue, accompagnée d'une horde de marcassins qui fouillaient le sol avec leur groin :

– Je suis plutôt de cette race-là !

Le père me dévisagea intensément, puis, après un long moment, me dit doucement :

– Ma fille, la jalousie t'aveugle. Tu es fatiguée, mais en pleine santé et pétillante d'intelligence, si tu avais regardé différemment cette fille, peut être aurais-tu remarqué que cette riche demoiselle est aussi handicapée mentale. Les apparences sont souvent trompeuses, ne demande pas à la vie plus qu'elle ne peut te donner, essaie d'en tirer le meilleur, et si tu n'atteins pas toujours ton but, tu auras le mérite d'avoir essayé.

Une coccinelle vint se poser sur le pétale incurvé d'une pervenche. Je la saisis délicatement pour la poser sur le bréviaire que le franciscain tenait dans sa main.

– Regardez, mon père, cette bête à bon Dieu, qui porte sur son dos les sept péchés capitaux que les gens du village viennent chuchoter aux croisillons de votre confessionnal lorsqu'ils n'ont pas le courage de se confesser à leur curé. Me pardonnez-vous celui de mon envie et de ma jalousie ?

Il me tendit sa gourde, détachée de sa ceinture.

– Tiens, prends de cette eau de Bonne-Fontaine, pure et douce, elle vaut bien celle de Lourdes !

Puis, remarquant un moustique sur mon bras, il l'écrasa avec son bréviaire. Je lui lançai espièglement :

– Tu ne tueras point, tu ne tueras point ! Mon péché contre le vôtre ! Nous sommes quittes !

J'enfourchai ma bicyclette, mais il me retint par le guidon.

– Je peux te demander ton prénom ?

Je lui répondis en riant, et comme un pasteur bénissant ses brebis, il dit :

– Que Dieu te pardonne et te protège... Et qu'il te garde ton intelligence !

Je retins à jamais la leçon du franciscain, qui m'avait enseigné que, lorsque le gazon des autres est plus vert, il est bien souvent factice.

Par peur d'être grondée par maman, je pédalai aussi vite que mes jambes le permettaient pour atteindre la route nationale, dont les côtes successives évoquent les chameaux que j'avais vus dans la Bible. Toujours sans freins, mon vieux biclou jouait aux montagnes russes. Les accélérations me transportaient presque jusqu'à la moitié des montées. En arrivant, je vis ma mère partant aux champs, un râteau sur l'épaule. Je la prévins de mon arrivée avec ma sonnette, brandissant triomphalement mon sachet d'aiguilles :

– Regarde, maman, j'ai les aiguilles, j'ai les aiguilles !

Maman me regarda d'un air sévère, et, mécontente, elle me lança :

– C'est seulement maintenant que tu arrives. Mais tu as dû les chercher en Amérique !

– Mais non, j'ai dû continuer jusqu'à Saverne...

Elle me coupa la parole :

– En rentrant n'oublie pas d'allumer le four dans la cave, je t'ai préparé des fagots, surveille la pâte à pain, ne l'enfourne que lorsqu'elle est assez levée, en retournant les panetons, pense à faire des incisions – la dernière fois tu avais oublié – et en surveillant la cuisson, dégerme le tas de pommes de terre !

– Oui, maman.

Elle n'avait pas le loisir d'écouter mes péripéties. En ce temps-là nous n'avions qu'une chose à faire : obéir. Un ordre n'était jamais répété, je n'aurais osé objecter et, s'il m'arrivait de ronchonner à la tâche, c'était en faisant bien attention de ne pas être entendue. Heureusement, dans la cave, l'odeur du bon pain de ménage flottait déjà, envahissant toute la maison. N'étais-je pas heureuse ?

L'auberge du bonheur

Au XIXe siècle, les maîtres de forge avaient fait construire les corons pour y loger leurs mineurs. À la sortie de l'école communale, la plupart des garçons de notre village trouvaient du travail comme maçons dans le bassin minier. Les filles partaient à Metz pour se placer dans des familles bourgeoises comme domestiques. Lorsqu'elles avaient acquis de bonnes manières, elles devenaient soubrettes. En général, les jeunes de la région restaient au pays, se mariaient entre eux et avaient à leur tour des ribambelles d'enfants. Ce qui était le cas des frères et sœurs de Charles, neuvième enfant d'une famille très modeste et issu d'une tribu de quatorze rejetons. Les parents étant trop pauvres pour lui payer les études au séminaire, une bienfaitrice alsacienne le parraina.

Ordonné prêtre, le nouveau promu eut l'honneur de célébrer sa première messe dans l'église de son village natal. Imaginez la fierté non seulement de sa famille, mais de toute la communauté. Dès le vendredi, le cochon gras fut tué et préparé pour les festivités !

Le lendemain, vers 16 heures, son père attela ses deux vaches à la charrette pour accueillir le héros du jour à la gare du village voisin, distante de quatre kilomètres. Sous l'œil attendri du patriarche, les enfants, petits-enfants ainsi que Charles descendirent du train en provenance de Metz. Après les embrassades, les voyageurs chargèrent leurs bagages – qui contenaient oreillers, couvertures, nécessaires de toilette, sans oublier les habits du dimanche – et bientôt toute la charrette fut remplie. Les petits-enfants se firent une place au milieu des bagages et le père, fier comme Artaban, assis à l'avant avec Charles, conduisait l'attelage. Les autres, heureux comme des princes, suivaient en chantant avec allégresse des chansons populaires.

À l'entrée du village, notre curé, entouré de ses paroissiens, vint à leur rencontre. Les cloches carillonnaient à toute volée. Les enfants, en liesse, agitaient des fanions en criant : « Hourra ! Hourra ! notre Choual (Charles) est là ! » Après la première bénédiction du nouveau prêtre à l'église, les hommes s'empressèrent de décharger la charrette pour récupérer les planches. Ils les posèrent sur des tréteaux pour dresser une longue table dans leur verger, sous les pommiers en fleurs. Une fois le bénédicité prononcé, ils partagèrent joyeusement le souper. Après le repas, les invités gagnèrent le fenil et y étendirent quelques draps, oreillers et couvertures avant de s'endormir profondément sur ce matelas campagnard de fortune.

Le matin, les hommes, torses nus, se débarbouillèrent autour de l'auge et se savonnèrent la barbe, de petits miroirs accrochés au grillage du jardinet. Par pudeur, les femmes et les enfants faisaient leur toilette à l'écart dans la grange autour de bassines d'eau prêtées par les voisins. Bien propres et endimanchés, mais toujours à jeun, ils allaient à l'église pour communier. Au retour, c'était la distribution du petit déjeuner. À la file, chacun passait à tour de rôle dans la cuisine. La maman plongeait une grande louche dans un énorme chaudron rempli de café au lait bien sucré pour ce grand jour.

Elle remplissait un bol, le tendait à un premier convive. Il en avalait le contenu à grandes lampées avant de le passer au suivant. Devant la porte, deux volumineux paniers de tranches de pain beurré, saupoudrées de chocolat (un luxe en ces temps-là !) régalaient petits et grands. Et ceux qui voulaient encore du café pouvaient reprendre la file jusqu'à satiété. Alors seulement tout le monde était fin prêt pour assister à la grand-messe et la fête pouvait commencer.

Ce fut la seule fois où cette nombreuse famille se retrouva au grand complet et emporta certainement un merveilleux souvenir de cette mémorable journée.

Tony le forgeron

Quand je devais me rendre à la messe en hiver, je lorgnais toujours du côté de la petite forge pour m'assurer que la lumière y était allumée, ce qui pour moi était de bon augure. Je savais que je pouvais y trouver refuge après l'office en cas de mauvais temps. Le trajet entre la ferme et l'église, puis le retour à 8 heures pour rejoindre l'école communale, se révélait alors un véritable parcours du combattant.

Tony, le forgeron, tournait sans cesse autour de l'enclume, Vulcain des temps modernes revêtu de son grand tablier de cuir. J'admirais la force avec laquelle ses bras forgeaient à grands coups de marteau le fer rouge. De bon cœur, il me laissait actionner le soufflet. Je devais user de toutes mes forces pour y parvenir. Le soufflet enflammait les braises ardentes et rougissait mon visage. Puis je m'asseyais sur un tabouret et contemplais le travail de Tony tout en déjeunant. Entre deux tartines, je buvais à grandes lampées un bol de lait que Marie, son épouse, m'apportait. J'en oubliais presque l'école...

Le tintement de sa cloche me ramenait péniblement à la réalité. Je me levais alors précipitamment pour rejoindre mes petits camarades. Mes haltes chez le forgeron et sa femme ressemblaient à des parcelles de bonheur.

Gaston le petit marchand de bestiaux

Aussi loin que je plonge dans l'univers de ma petite enfance, un jeu me revient en mémoire. Il me donnait la sensation de m'évader après le travail quotidien. Simple fille de la campagne, enfant de la nature, je n'avais pas de jouets. En tout et pour tout, je ne possédais qu'une poupée de son, faite de chiffons, aux yeux rendus globuleux par deux grossiers boutons blancs. Elle était d'une laideur repoussante. Ayant plutôt le goût de l'action, je l'avais délaissée au profit de jeux d'aiguilles. Gaston était le fils d'un marchand de bestiaux juif d'un village voisin. Il avait quatorze ans. Son père l'envoyait en éclaireur pour repérer les bêtes à vendre. Très malin, il savait exactement combien il fallait offrir pour une bête sur pied et l'estimer à son juste poids. Une vache trop maigre ou trop suiffée n'échappait pas à son coup d'œil infaillible. Né avec la bosse du commerce, il était sur le point de devenir un marchand hors du commun.

Par tous les temps, du matin au soir, il sillonnait la région à pied, allant d'un village à l'autre. Pour tromper son ennui, il s'amusait en tournant autour de son index sa petite baguette, outil indispensable aux marchands de bestiaux. J'étais fascinée par sa dextérité et j'avais hâte de l'imiter. Je filais donc à la forêt me tailler une petite baguette et m'entraînais afin de l'égaler. Le soir, si le temps le permettait, je partais de la ferme vers la forêt, accompagnée de mes petits frères et d'autres garçons de notre âge. Avec mon caractère de sergent-major, j'ouvrais la marche en faisant tourner ma baguette. C'étaient là les jeux de notre enfance.

Un soir de mai, après le rosaire, lassés d'attendre notre compagnon de jeu Marcel, nous nous dirigeâmes vers la forêt. À la lisière, nous aperçûmes avec horreur son cadavre. Il avait été tué par l'explosion d'une grenade oubliée après la Grande Guerre.

Seppel le maître tailleur

Il n'était pas très grand, le maître tailleur Seppel, serrant toujours ses dents sur sa pipe pour retenir son dentier usé. Mais le courage ne se mesure pas en centimètres. Il était l'un des seuls à oser se frotter au curé quand celui-ci lui cherchait des noises. Mon père, ayant besoin d'un costume, me demanda de l'accompagner. Dans l'échoppe, pour me faire plaisir, Seppel me tendit le nuancier afin de choisir le coloris. Je les trouvais tous plus beaux les uns que les autres et n'arrivais pas à me décider. Sentant que j'appréciais ses tissus, il sortit de sous la table un carton rempli d'échantillons :

– Tiens ! Je te les offre, tu n'as qu'à t'amuser avec.

J'en ai fait une descente de lit, très réussie à mes yeux. Une fois mon travail achevé, je lui montrai mon chef-d'œuvre. J'avais, de mes petits doigts malhabiles, assemblé au petit bonheur ses bouts de tissu. Le résultat était un patchwork grossier aux motifs et aux textures variées. Le tailleur caressa d'un revers de la main ma joue et me dit :

– Mais ta carpette est très réussie. Elle brille des mille feux de la bonne volonté ! C'est un astucieux assemblage ! Félicitations !

Autrefois personne ne félicitait les enfants. Aujourd'hui, je sais que Seppel n'a pas seulement fait preuve d'indulgence à mon égard, mais de véritable pédagogie. Lorsque j'admire les patchworks actuels, chefs-d'œuvre de créativité, je ne peux m'empêcher de penser à lui.

La sacoche et la rumeur

Ce matin-là, je revenais de la forêt, une cueillette de champignons sous le bras. En chemin, je fus dépassée par un militaire français monté sur un beau cheval rubican. Je fus de suite fascinée par l'élégance de son uniforme et la prestance de sa tenue sur l'animal. Le petit trot de la jument vibrait joyeusement. Ce cheval, racé, ne ressemblait aucunement à nos lourds percherons. Encore extasiée par cette rencontre, je découvris, un peu plus loin, une sacoche en cuir, certainement perdue par ce beau cavalier, et me demandai comment la lui restituer.

Il était d'usage d'apporter tout objet trouvé au maire du village, ce que je fis précipitamment. Ce dernier, se doutant de l'origine de ma trouvaille, me dit d'aller la confier au maître d'école, seul à pouvoir comprendre et lire le français. L'instituteur faisait fonction de secrétaire de mairie. Il ouvrit la sacoche et constata qu'elle contenait des documents militaires de la plus haute importance. Sans tarder, il se rendit au bureau de poste pour télégraphier à la gendarmerie du canton. Il ne fallut pas plus d'une heure aux deux brigadiers à bicyclette pour arriver au village. Ils se rendirent à la ferme pour m'interroger, mais j'étais déjà aux champs, très éloignés du village. En demandant leur chemin aux personnes rencontrées, ils arrivèrent à me trouver. Nous vîmes les voisins nous désigner du doigt et les gendarmes arrivèrent droit sur nous. Cela ne présageait rien de bon ! Je n'avais rien dit à mes parents de ma découverte, dont j'ignorais l'importance. Ils m'interrogèrent et les paysans des villages environnants ne cachaient pas leur curiosité

Mon père et moi dûmes retourner au village pour contresigner une déclaration. Nous fîmes retour sous bonne garde, flanqués de deux gendarmes comme de vulgaires gredins. Les regards des gens nous étaient insupportables. Pour eux, nous étions déjà inculpés ! À six kilomètres à la ronde, le « téléphone campagnard » fonctionnait sans relâche. L'après-midi, tout le monde chuchotait sur notre passage. Nous avions non seulement perdu notre temps, mais aussi notre honneur. Quelle désillusion ! Et dire que je ne fus même pas récompensée pour mon civisme.

À la campagne en hiver

Dès la Toussaint, une fois les dernières récoltes engrangées et les terres ensemencées, commençait le battage de nos céréales. C'était la période la plus dure de l'année. Le matin, de bonne heure, une fois les bêtes soignées, mes parents avaient hâte de s'attaquer à cette besogne poussiéreuse. Du haut du fenil, maman défaisait la ceinture torsadée des bottes de paille et les enfonçait, scindées en trois, dans la gueule avide de la batteuse qui les avalait dans un grondement sourd. Après un long cheminement, la paille sortait des entrailles de la batteuse et tombait, le long du treillage, sur la table en filtrant les grains qui se répandaient sur le sol à l'arrière. Par brassées, papa récupérait la paille et en faisait des gerbes, puis les entassait sur un tas devant la grange aux battants grandement ouverts. De temps en temps, il jetait un coup d'œil à la marmite sur la cuisinière, et rajoutait une bûche pour raviver le feu. À midi, lorsque je rentrais de l'école, des nuages de poussière fusaient de toutes parts et me piquaient les yeux et la gorge. De mes parents, poussiéreux des pieds à la tête, n'apparaissait plus que le blanc des yeux. La sueur suintait de leurs aisselles. Avant d'entrer dans la cuisine, ils se secouaient, toussotaient et se raclaient la gorge. Après le bénédicité, nous nous attablions, affamés. Maman plongeait la louche dans le pot posé sur la table, puis nous faisait signe de lui tendre les assiettes qu'elle remplissait à ras bord d'une « potaille » de haricots ou de pois secs où flottaient des morceaux de lard fumé, tandis que papa nous coupait des tranches de pain dans une grosse miche. Nous engloutissions en silence cette soupe bien chaude en y trempant notre pain. Les haricots et les pois secs craquaient parfois sous la dent. On n'entendait plus que le cliquetis des cuillères et les lapements saccadés.

D'autres jours, nous nous empiffrions de pommes de terre pas très cuites qui flottaient dans une mare de saindoux. Comme dit le proverbe : « Cuit ou pas cuit, à midi on mange. » (« Gekocht oder nit gekocht, am Midda wird gesse. ») Alors, on leur donnait un coup de dent supplémentaire. Parfois, les pommes de terre étaient brûlées ; on se contentait alors d'une omelette au lard rapidement préparée. Après ce repas vite englouti, nous passions le reste de pain dur sur nos lèvres gercées avant de nous essuyer le menton avec la manche du tablier. Puis mes parents se levaient pesamment, s'accommodant de l'alternance morne des repas et du travail.

Le soir, en revenant de l'école, avant que la nuit ne tombe, commençait une vraie lutte contre le temps pour remettre la paille au fenil, vanner les grains de céréales, les mettre en sac, les monter au grenier et entasser le son dans le hangar. Une fois ce travail accompli, alors que les parents s'occupaient des bêtes, je commençais à débarrasser la table. La vaisselle faite, il fallait préparer le dîner, balayer la cuisine, peler les pommes de terre pour le lendemain. Vers 20 heures, je titubais de fatigue après ce travail rébarbatif, ces journées harassantes, et je sentais mes yeux papilloter. Ma tête tombait de sommeil. Je n'étais plus en état de continuer mon travail pour l'école et déposais mon crayon pour m'endormir sur le coin de la table. Maman me réveillait, je filais au lit et m'allongeais dans des draps raidis par le froid. Le lendemain, je me réveillais plus tôt pour terminer, dans l'ambiance morne et froide de notre cuisine, mes devoirs ou les punitions de M. le curé pour avoir manqué à la messe du matin. Les jours se suivaient ainsi et se ressemblaient, et ce train-train ne s'achevait que peu avant Noël.

Lundi, la corvée s'achève enfin. Le soir, dans la cuisine bien chauffée, je retrouve mes parents très fatigués, à bout de souffle. Maman est enrhumée à cause de tous ces courants d'air, papa, un chat dans la gorge, n'aspire à rien d'autre qu'à dormir vingt-quatre heures d'affilée. Malheureusement, ce n'est pas possible. Je me souviens que sœur Vitaline disait toujours : « Impossible n'est pas français. Il doit y avoir un moyen, il n'y a jamais de voie sans issue. » Je me creuse la tête. Mes parents bien endormis, je me lève, ouvre doucement la porte, pose mon ardoise bien en évidence sur la table devant le lit : « Défense de se lever avant vingt-quatre heures. » Mon réveil sonne à 6 heures du matin. Je me réfugie dans la douce chaleur de l'étable et commence à traire nos vaches. Puis je réveille mon frère de sept ans ; ensemble, nous nous occupons des bêtes. Entre-temps, mes parents se réveillent, découvrent mon écriteau ; étonnés et stupéfaits, ils se lèvent, mais je les renvoie au lit. D'abord, ils rechignent, mais, comme ils sont très fatigués, finissent par accepter. Le petit déjeuner servi au lit ne convient pas à un paysan, la grasse matinée ne fait pas partie de ses habitudes. Ils préfèrent se mettre à la cuisine. En découvrant la table bien dressée, recouverte de la toile cirée des jours de fête, mon père, ému aux larmes, me regarde :

– Tu sais, aujourd'hui, c'est un beau jour, le soleil brille.

Par la fenêtre je vois la neige qui tombe à gros flocons...

Plus tard, à l'enterrement de mon père, pendant la cérémonie à l'église, ma vie de petite fille passée à la ferme défila devant mes yeux comme un film qu'on n'oublie pas. L'épisode du battage m'avait fait comprendre que, pour mon père, le soleil brillait le jour où il neigeait.

Janvier et février laissaient quelque répit à mes parents ; la préparation des repas devenait beaucoup plus élaborée. La « potaille » se transformait alors en une soupe bien mijotée. Le vendredi, jour maigre, la cuisine était remplie d'effluves lactés dus à notre fromage, pâle copie du vrai munster, qui fondait de tendresse, au contact de la patate bien cuite en robe des champs, et réjouissait nos sens. J'étais heureuse de trouver enfin une cuisine propre, la vaisselle rangée dans le buffet. De bonnes tartes aux pommes, des pruneaux, des beignets, des gaufres, tous ces mets délicieux me chatouillaient les narines et enfiévraient mon palais. Ces deux premiers mois de l'année auraient pu être les plus enchanteurs s'il n'y avait eu le revers de la médaille : le manque d'eau. Lorsque la pompe de notre puits devant la porte était hors d'usage en raison du gel, il fallait descendre au village pour se ravitailler à la fontaine.

Parfois, la nuit tombée, en cas d'un besoin urgent d'eau, nous tirions à la courte paille celui qui devait se munir d'une lampe à pétrole et d'un seau pour descendre à la fontaine. Elle se trouvait au bas du village ; il fallait veiller à ne pas glisser sur le verglas. Le long des haies lugubres, des chouettes nous effrayaient au point de nous faire lâcher nos seaux. La neige crissait sous nos pas et s'accrochait aux clous de nos sabots. De temps en temps, nous les tapions l'un contre l'autre pour décoller la lourde couche blanche qui risquait de nous tordre les pieds. En cas de verglas, il n'était pas question de descendre les bêtes à l'abreuvoir. On ramenait l'eau dans une grande lessiveuse attachée sur un traîneau. À chaque remontée sur la route en forte pente, essoufflés, nous faisions deux, trois haltes pour nous reposer et, à chaque secousse, nous répandions un jet d'eau sur nos sabots vite transformés en glaçons. Quel sacré sport d'hiver !

Souvenirs de forêt

Quand je me promène dans un sois-bois enneigé, je ne peux m'empêcher de fendre avec mon pied, le tapis de feuilles mortes gelées. Avec un pincement au cœur, il m'arrive de saisir une poignée de glands ; je m'en empare comme on touche des reliques. Ce geste me ramène aux années de guerre.

Pendant l'occupation allemande, nous approvisionnions clandestinement nos compatriotes expulsés en France profonde avec les carcasses de nos porcs. Les pommes de terre dont nous disposions pour nourrir les bêtes venant à manquer, nous nous rendions dans les forêts de chênes alentour pour y ramasser des glands. Les sacs de jute semblaient n'avoir pas de fond, et nos doigts engourdis avaient du mal à les saisir à travers l'épais tapis de feuilles glacées, semblable à une croûte rebelle et mordante. Ce travail n'avait cure de la bise sifflante, ni de nos dos meurtris ; il ne prenait fin qu'à la tombée de la nuit. Alors, ivres de fatigue et d'air frais, nous rentrions en tirant la charrette ou le traîneau, satisfaits de la tâche accomplie et pressés de retrouver la ferme avec la douce chaleur de la cuisinière à bois. C'était là notre modeste mais sincère contribution à l'effort de guerre.

La chaleur des Noëls d'antan

Les Noëls étaient enneigés, froids, mais féeriques. Nous préparions cette belle fête longtemps à l'avance. Vers la fin du jour, si le soleil couchant commençait à dorer les nuages, c'était de bon augure. Cela signifiait que le Christ-Kindel, l'ange de Noël, nous préparait des fournées de bredele, les petits gâteaux. En réalité, c'est maman qui les cuisait pendant que nous étions à l'école. Nous n'avions pas le droit d'y goûter avant l'heure sacrée et maman les cachait dans le grenier. Vers 18 heures, une fois notre cheptel soigné, elle posait une grande bassine d'eau tiède au milieu de la cuisine. Réunie autour de ce lavabo improvisé, toute la famille commençait à se débarbouiller. Les hommes étaient torses nus. Par pudeur, maman et moi passions l'éponge sous la chemise. Nous nous frottions les dents avec nos doigts. Pendant que papa se rasait, nous prenions un bain de pieds en faisant attention à ne pas trop arroser la cuisine. Toute la famille sentait bon ; une odeur de propreté flottait dans l'air. Puis nous commencions à nous endimancher. Nous guettions avec impatience la venue du Christ-Kindel.

Dès que nous entendions tinter des clochettes dans le couloir, nous savions qu'il allait arriver, accompagné du père Fouettard. Nous commencions à trembler de tous nos membres, car ce dernier savait que nous n'étions pas toujours sages pendant l'année. S'il nous fouettait trop, Christ-Kindel lui imposait son veto. Voilà que la porte de la grande chambre, chauffée pour l'occasion, s'ouvrait. Au milieu trônait un grand sapin que mon père était allé couper dans la forêt.

Nous nous donnions la main et dansions une ronde autour de cette merveille ornée de belles guirlandes argentées. Christ-Kindel entonnait : « O Tannenbaum » (Mon beau sapin), et nous reprenions tous en chœur : « Wie schön sind deine Blätter. » (Que j'aime ta verdure.) À tour de rôle, chacun avait le droit d'allumer une petite bougie qui illuminait cet arbre de Noël. Si le père Fouettard essayait de chiper une des étoiles en pain d'épices accrochées au sapin, nous avions le droit, à notre tour, de le fouetter, ce qui nous amusait beaucoup.

Nous étions plus pauvres encore que le petit Jésus. Faute de santons, nous n'avions pas de crèche. Sur un tabouret reposait un poupon fait de chiffons. Le Christ-Kindel nous invitait à nous agenouiller pour l'adorer : « *Venite, venite, adoremus.* » Avant de partir, il donnait une caresse à chacun de nous. Pensez donc ! Une caresse du Christ-Kindel valait pour nous les plus beaux jouets.

Peu de temps après, le voisin et la voisine faisaient leur apparition. Ils avaient eu le temps – mais cela, nous ne le savions pas – de se dépouiller de leurs déguisements ! Quel dommage qu'ils soient venus si tard... Dix minutes plus tôt, ils auraient pu profiter de la présence de « nos hôtes célestes ». Avec eux, tout le monde se régalait alors de pommes au four, qui sentaient bon la cannelle, et de succulents bredele au goût de schnaps, qui apparaissaient comme par miracle. Nos voisins partis, nous nous préparions pour la messe de minuit. Nous mettions nos belles socques du dimanche avant de chausser nos sabots astiqués, frottés avec de la suie et de la couenne de lard pour les faire briller. Mon père partait en éclaireur, la lampe à pétrole à la main. Nous suivions en file indienne tandis que la neige tombait à gros flocons sur le chemin.

Quand nous arrivions au village, les cloches se mettaient à carillonner à toute volée. Ne restaient dans les chaumières que les vieillards impotents et les tout petits enfants. Personne ne fermait sa porte à clef ; les pompiers rentraient dans les fermes pour voir si tout allait bien et glissaient en même temps une bûche dans le feu. Si, par hasard, un bébé pleurait, ils venaient chercher sa maman à l'église. Celui-ci câliné et redevenu silencieux, elle retournait en hâte à la messe. Avant d'entrer dans l'église, nous secouions nos manteaux enneigés, puis enlevions nos sabots cloutés. Du haut de la tribune, nous entendions l'orgue résonner. Le maître d'école, organiste émérite, connaissait tous les registres et faisait vibrer les claviers. La chorale nous exaltait avec ses beaux cantiques. Le ciel s'ouvrait, la terre nous appartenait, nous étions heureux, si heureux ! Après trois messes, bien trop longues à notre goût, nous avions du mal à retenir notre impatience. Le curé se tournait, enfin, vers les fidèles en tendant les bras : « *Ite ! Missa est !* » Un enfant de chœur montait et descendait la nef en balançant l'encensoir pour nous parfumer. Le bedeau éteignait les cierges, plongeant l'église dans la pénombre. Sœur Vitaline allumait ensuite les sternspritzer, ces bougies qui crachaient des étoiles magiques. Nous étions au Paradis !

La messe achevée, nous étions pressés de rentrer pour retrouver notre cuisine embaumée par le pot-au-feu, privilège des réveillons. Même les anges le protégeaient du haut du ciel. À la surface de ce bon bouillon, leurs cheveux qui surnageaient étaient la preuve de leur passage... Avant de nous attabler pour nous régaler, nous allions réveiller nos bêtes pour leur offrir des friandises. Aux vaches des betteraves, aux porcs des pommes de terre arrosées de petit-lait, aux lapins des carottes, à la chèvre des choux d'hiver, aux chats du lait frais. Attirées par nos appels et du pain trempé dans du purin, les poules descendaient du poulailler, suivies du coq qui chantait, manifestement trompé sur l'heure. Seul le pauvre Médor devait attendre les os du pot-au-feu pour se lécher les babines. Nous vivions en osmose avec nos bêtes. Toute l'année, elles partageaient notre labeur, nous ne pouvions pas les oublier en cette Sainte Nuit.

Qui saurait, oui, qui saurait me faire revivre, ne serait-ce qu'une fois, la chaleur de ces Noëls d'antan ?

Les années de guerre

Le triste jour de ma communion

Un triste souvenir me revient en mémoire tous les ans. Nous étions fin avril 1940, notre curé écourta l'homélie de la messe du dimanche et dit d'un air anxieux :

– Mes chers paroissiens, notre pays est au bord de l'abîme, Dieu semble avoir abandonné la fille aînée de l'Église. L'avenir est incertain et mon intuition me commande par prudence d'avancer la communion solennelle au dimanche prochain 2 mai. Je vous demande de bien vouloir accepter ce changement.

Les futurs communiants, dont je faisais partie, étaient stupéfaits et loin de se douter que cet événement puisse être aussi catastrophique.

La communion solennelle, jour marqué par des festivités grandioses, n'était pas seulement une fête religieuse, mais aussi un adieu à l'enfance et l'entrée dans l'adolescence.

Le samedi précédant cette communion ne ressemblait guère à une veille de fête. Nos prestigieux soldats, la mine défaite dans leurs uniformes défraîchis, faisaient mouvement avec des chevaux, tirant des tombereaux brinquebalants chargés de munitions.

Dès le matin, ils se cantonnèrent le long des routes et ce brouhaha déferla toute la nuit, ne se tarissant qu'au petit jour, ce qui nous empêchait de dormir. Les militaires s'attribuèrent alors notre ferme et leur remue-ménage n'était guère propice à ce jour de fête.

Le matin, maman voulut traire les vaches, mais trouva leur pis à sec ; leur lait avait déjà amélioré le « jus » des hommes de la troupe. Moi-même, je fus surprise, en allumant le feu dans la cuisinière, par l'irruption de fumée hors du tuyau de la cheminée. Mon père, étonné de le voir encrassé, entreprit de le ramoner, mais sans succès. Il monta au grenier pour contrôler le haut du conduit et comprit alors ce qui s'était passé ; des chapardeurs s'étaient appropriés nos cochonnailles accrochées dans le fumoir, et avaient laissé tomber un pan de lard qui obstruait le conduit.

En voyant revenir mon père noir de suie, je voulus chercher un seau d'eau à la pompe de l'abreuvoir, mais la troupe l'avait déjà réquisitionné pour faire boire les chevaux ; cela ne fit qu'accentuer mon retard.

Il ne restait déjà plus que dix minutes avant la messe et un nouveau coup du sort s'abattit sur moi. Je n'arrivais pas à enfiler la robe de communiante, prêtée par une amie de ma taille. Elle avait servi à une autre jeune fille, plus menue, l'année précédente, et maman dut découdre les pinces en urgence. Pendant ce temps, notre curé et les autres communiants m'attendaient à l'école, anxieux et impatients de commencer la procession vers l'église.

En quittant la ferme, je fus ceinturée par les longs bras puissants d'un caporal ivre qui s'était copieusement servi dans nos bonbonnes de schnaps. N'arrivant pas à me dégager de son étreinte, je criai : « Au secours ! » Un autre militaire, africain, intervint et me libéra. Il gifla énergiquement le caporal tout en l'admonestant, puis me proposa sa protection sur le chemin de l'église.

Remplie d'émotion, et après quelques hésitations, j'acceptai son offre ; c'était la première fois que je me trouvais devant un Noir. Il faut savoir qu'en ce temps-là les élèves devaient apporter chaque mois à l'école la somme de vingt-cinq centimes qui servait à nos missionnaires en Afrique pour porter secours et éducation aux enfants noirs. Pour nous, ceux-ci n'étaient pas civilisés et inspiraient plutôt la crainte.

Arrivés devant l'école, cet homme au cœur noble me dit :

– Si tu fais un vœu à l'instant où tu recevras le Dieu vivant, il sera exaucé.

Je lui demandai :

– Lequel ?

Il répondit :

– Que l'Éternel te donne jusqu'à la fin de ta vie la paix du cœur.

J'étais trop jeune pour comprendre la portée de ces paroles, mais aujourd'hui j'en mesure l'importance.

La messe se déroula comme d'habitude jusqu'au moment de l'homélie. Du haut de la chaire, notre curé, très ému, s'adressa aux communiants en ces termes :

– Chers enfants, ce jour devait être l'un des plus beaux de votre vie, mais les événements en cours ont contrecarré la splendeur de votre fête. Continuons à croire à l'amour de Dieu et implorons la protection divine. Aussi je vous demande de vous lever, nous allons réciter un Pater pour nos honorables soldats, dont le moral est ébranlé.

Puis il nous invita à nous asseoir et, d'une voix chevrotante, il ajouta :

– Beaucoup d'entre vous ont encore en mémoire la guerre de 1914-1918 et son cortège de morts.

S'apercevant alors qu'il attristait encore plus les pauvres communiants, il s'arrêta sur-le-champ, oubliant même de faire la lecture des annonces de la semaine. D'un geste de la tête, il invita l'organiste à entonner le Credo et la messe se poursuivit, toujours aussi triste...

Le repas de ma communion ne ressemblait en rien à un somptueux festin. Le couvre-feu avait empêché la famille éloignée de se rendre à la fête et celle du village avait préféré rester à la maison pour surveiller la troupe occupant sa ferme.

L'après-midi, papa, déjà privé de messe, m'accompagna aux vêpres, qui n'étaient guère plus exaltantes. L'orgue avait beau jouer à pleins registres le *Te Deum*, ce chant d'allégresse n'arrivait pas à égayer nos cœurs. Une fois les psaumes achevés, le thuriféraire ouvrit la procession des communiants en balançant l'encensoir fumant. Il le fit seul car notre fringant garde suisse venait d'avoir un malaise et s'était assis sur un banc, à la grande inquiétude de toute l'assemblée...

La coutume imposait à la fin des vêpres, en apothéose, l'hymne allemand *Grosser Gott, wir loben dich* (Dieu tout-puissant, nous Te louons) ; les fidèles l'entonnaient alors toute gorge déployée et l'orgue résonnait.

Surgissant à l'improviste, sœur Vitaline fila dans le chœur et, d'un geste impératif de son archet, réclama la priorité à l'organiste. Le violon sous le menton, elle entonna une de ses compositions patriotiques, pensant redonner de l'espoir aux enfants. La chorale était désorientée et ce geste fut mal accepté par l'organiste vexé, qui ne joua plus. Les fidèles, déçus et se sentant lésés, quittèrent l'église en maugréant...

Ma communion solennelle se termina donc aussi tristement qu'elle avait commencé. Elle ne suscita pas l'envie, mais au moins avais-je pu avoir mes parents à mes côtés. C'est pour cela que, tous les ans, en période de communion, j'ai une pensée émue pour les orphelins, et je souhaite aux autres enfants de pouvoir garder leurs parents longtemps auprès d'eux.

Le taureau et les stukas

Quelques jours après ma communion, je me plaignis de douleurs abdominales. Un vent de panique soufflait alors dans l'est de la France. Les habitants des secteurs proches de la ligne Maginot commençaient à s'enfuir, laissant leurs fermes derrière eux. Des convois militaires faisaient mouvement au milieu de troupeaux de vaches que les paysans, complètement désorientés, chassaient devant eux.

De peur de devoir bientôt partir à notre tour, papa m'emmena immédiatement voir un médecin à Phalsbourg, à douze kilomètres de là. Comme les routes étaient encombrées, nous circulâmes en calèche à travers champs. Le chirurgien de l'hôpital diagnostiqua une appendicite aiguë et envisagea une intervention chirurgicale en urgence.

Le lendemain, mon père entendit à la TSF que les Allemands venaient de percer le front et commençaient à avancer. Dans ces conditions, il n'était pas question de laisser sa fille à l'hôpital. Il vint donc me récupérer. Je venais d'être opérée et le médecin s'opposa à ma sortie. Des avions de la Luftwaffe mitraillaient la ville en rase-mottes, alors que les infirmières descendaient les malades au sous-sol pour les mettre en sécurité. Mon père profita de ce remue-ménage pour me sortir du lit. Il me prit sur ses épaules et m'installa dans la calèche remplie de foin sous les regards ahuris des sœurs soignantes.

Le retour se fit à nouveau à travers champs. Chaque cahot me causait une vive douleur. En passant au-dessus de nos têtes, les stukas semaient la panique parmi les troupeaux errants. À deux cents mètres de notre domicile, notre cheval fut effrayé par un taureau aux naseaux fumants qui filait droit devant nous. Le cheval fit un écart, entraînant la calèche dans le fossé ; l'axe de la roue s'était cassé. Papa détela le cheval et courut à la ferme chercher de l'aide. Il revint, accompagné du voisin, pour me transporter sur une échelle qui servit pour l'occasion de brancard. Et toujours ce taureau en furie, de l'autre côté du mince fossé, qui ne voulait pas nous lâcher ! Papa et le voisin couraient, jetant de temps en temps un coup d'œil inquiet à l'animal qui finit par s'en aller.

Les barreaux de cette civière improvisée semblaient rentrer dans ma chair et je ressentais d'intenses douleurs, surtout au niveau de la nuque. C'était pire que l'enfer ! Quel soulagement lorsque je me retrouvai dans mon lit. Jamais il ne m'avait paru aussi confortable !

En ces temps-là, les enfants paysans étaient robustes et, la nature aidant, se remettaient assez vite, ce qui fut mon cas. Mais je n'oublierai jamais la férocité des stukas et la furie de ce taureau par cette journée de printemps 1940.

Le lard providentiel

Lénie, une amie d'enfance de ma mère, avait, comme beaucoup de filles, quitté notre village à la fin de ses années d'école communale. Pour constituer son trousseau, elle était partie en ville se placer dans une famille juive qui tenait une mercerie. Elle s'y plaisait bien, car on y faisait preuve de respect et de gentillesse. Vu son âge avancé, la patronne, percluse de rhumatismes, ne descendait plus dans son magasin. Ses jambes lui étaient devenues comme des boulets. Ce jour-là, c'était en 1940, son mari partit vers 15 heures rendre visite à leur fille en couches, à la maternité de l'hôpital. Lénie, alors seule au magasin, servait une cliente et aperçut une traction noire s'arrêter devant le magasin. En descendirent soudain trois individus en civil, vêtus d'imperméables en cuir vert.

Ils présentèrent leurs papiers et lui demandèrent où se trouvaient ses patrons. Lénie comprit aussitôt. Elle pointa l'index vers l'étage ; ils grimpèrent l'escalier en vitesse en hurlant : « Sales juifs, dehors ! »

Lénie, affolée, supplia la cliente d'aller prévenir son patron à la maternité. Mais ces ordures n'avaient cure de la pauvre infirme et la bousculaient. Elle ne pouvait que crier : « Aïe, aïe, mes jambes ! » Elle tomba ; ils la relevèrent sans ménagement :

– Ne craignez rien. Bientôt, elles ne vous feront plus souffrir.

Puis ils l'embarquèrent pour le voyage sans retour. Pendant ce temps, Lénie eut le temps de subtiliser la clef de la remise que l'on pouvait atteindre par l'arrière-cour. Le magasin étant verrouillé par l'avant, elle déroba ainsi pendant la nuit toute la laine qui s'y trouvait, au nez et à la barbe des forces d'occupation.

Privée d'emploi, elle parvint une année plus tard à être engagée comme agent d'entretien à la Kommandantur. Ce n'était pas sans arrière-pensées, car sa famille était impliquée dans la Résistance. Charmeuse, plutôt intelligente, elle maîtrisait parfaitement la langue allemande. Un soir, elle s'entretint avec un militaire, dont le regard vif attirait la sympathie et la confiance. Affecté à la Kommandantur comme interprète, pacifiste dans l'âme, il laissa vite transparaître son aversion pour le nazisme. Cet homme très cultivé parlait plusieurs langues ; il avait fait ses études à Paris, aimait la France et pensait rejoindre après la guerre ses cousins parisiens. Il lui suggéra de faire appel à lui si jamais sa famille avait le moindre problème. Deux semaines plus tard, le cousin de Lénie et deux amis, également résistants, furent arrêtés suite à la dénonciation d'une jeune fille éconduite. Ces cheminots s'étaient fait prendre au moment même où ils sabotaient la voie de chemin de fer pour provoquer le déraillement d'un train de munitions. Après un long interrogatoire par le chef de la Gestapo, la police secrète, ils furent emprisonnés. La famille craignit le pire pour la santé du fils ; constamment menacé par une occlusion intestinale, il ne pouvait vivre sans médicaments. Lénie contacta son ami gradé allemand, et lui demanda d'intervenir en sa faveur pour les lui faire parvenir. En dépit de sa confiance absolue, elle n'osa pas lui demander d'essayer de libérer ces résistants. Pris de pitié, l'officier lui promit de tenter l'impossible pour les sauver. En échange, il lui demanda si elle pouvait lui procurer un grand pan de lard fumé qui puisse se garder longtemps. Il avait l'intention de l'emporter dans sa famille lors d'une prochaine permission.

Deux jours plus tard, en soirée, une voiture déposa Lénie devant notre ferme. La porte de la cuisine s'ouvrit sous la poussée de son épaule et elle vida sur la table deux sacs de moleskine remplis de laine.

– Excusez-moi, dit-elle, prenant conscience de son impolitesse, je suis confuse de vous importuner à cette heure-ci. D'ici 23 heures, il faut absolument me dépanner avec un lard bien fumé. En contrepartie, je vous ai apporté ces pelotes de laine. Il s'agit d'arracher trois jeunes des griffes des nazis.

Par manque de chance, notre lard s'affinait encore au saloir et restait à fumer. Que faire ? En aucun cas, je ne voulais laisser échapper cette laine devenue si rare et il fallait sauver ces vies humaines. Une intuition me fit penser au moulin de la Isch, un petit hameau de quatre maisons sur un bout de terre de quelques ares, encerclé d'un ruban d'eau. On pouvait l'atteindre à pied en une heure en traversant champs et prés. Je connaissais parfaitement le chemin. En été, je m'y rendais souvent pour les travaux de nos terres situées aux alentours. Là-bas vivait un couple, Moiry et Hans. Ces deux reclus ne s'adressaient la parole qu'en cas d'absolue nécessité. Ils évitaient même tout contact avec leurs voisins et les fermiers des alentours. Comme nos terres longeaient les leurs, nous étions parvenus, non sans mal, à gagner leur confiance. Nous avions même le privilège d'être admis dans leur demeure. Pendant la guerre, Moiry – son mari, Hans, n'avait pas voix au chapitre – nous vendait les victuailles dont ils n'avaient pas besoin, à condition que les billets de banque donnés en échange soient neufs. Pour un billet neuf, elle aurait donné son âme, mais, une fois le billet froissé, personne n'arrivait à lui soutirer un cheveu.

J'ouvris le buffet, montrai des billets neufs à mon père et l'interrogeai du regard. Un éclair de refus catégorique m'interdit le moindre mouvement : « N'essaye surtout pas ! C'est trop dangereux à cette heure-ci ! Par une température pareille, il n'en est pas question ! » Je glissai subrepticement les billets dans ma poche.

Sous prétexte d'aller voir ma marraine au village, j'enfonçai mes kroumirs, mes pantoufles en peau de mouton héritées de ma grand-mère, dans mes sabots. Ceux-ci, bien capitonnés, me tenaient chaud aux pieds et me rendaient la marche plus aisée. Bien emmitouflée, je passai par la grange et glissai une corde dans un grand sac, que je tenais serré sous mon bras. La nouvelle lune m'éclairait de sa lumière bienveillante. Je cherchai en vain l'étoile du berger pour me conduire vers l'îlot de Isch.

En quittant le Windhof, vers 20 heures, un froid de nivôse me glaça le visage ; il faisait – 20 °C dehors. Je longeai les haies et traversai le village, prostré dans un silence total. Tout le monde était au chaud, calfeutré dans sa maison. Quelques mâtins aboyaient de niche en niche :

– Tu l'entends passer, cette cinglée qui ose affronter à cette heure ce chemin dangereux, semblaient-ils se dire.

Ils ne s'arrêtèrent que lorsque je me fus éloignée. J'allai à l'aventure. À la sortie du village, devant l'atelier du charron, plus aucun son, si ce n'est les plaintes des hautes ramures des trois sapins bleus, agités par le vent. Entre deux haies, je levai sous mes pieds un oiseau de nuit dont le bruissement d'ailes m'effraya. J'entendis au loin, dans la forêt, un couple de chouettes chuinter. Pour vaincre la peur qui s'emparait de moi, je me mis à chantonner : « En passant par la Lorraine avec mes sabots... » Puis le sifflement d'un train en partance vers l'Allemagne se fit entendre... Je pressai le pas, j'avais hâte d'arriver, car le froid commençait à s'insinuer dans mes manches et se faisait de plus en plus glacial.

À cinquante mètres du petit pont de chemin de fer, j'aperçus une ombre furtive sous la voûte entre deux piliers. Je ne savais pas pourquoi, je ne me sentais nullement apeurée, mais, au contraire, enhardie par les recommandations de mon grand-père maternel. Il avait porté le casque pointu pendant la guerre de 1914-1918 et à Verdun :

– Ma fille, si, un jour, tu te trouves en face de ton ennemi, ne lui montre jamais ta peur ; au contraire, c'est à toi de lui faire peur. Si tu dois te défendre les mains nues, vise toujours les yeux.

J'enfonçai mes ongles dans les paumes de mes mains ; je me sentis des griffes assez longues pour une éventuelle attaque. D'une voix tonitruante, pleine de sang-froid, j'ordonnai à mon ombre :

– Sors de là ! Tu crois que je ne t'ai pas reconnu ? Tu as peur de moi ? Pourquoi te caches-tu ?

Apparut alors Auguste, le simplet du village, un être inoffensif, doux comme un agneau, qui sortait du tunnel, deux lièvres dans les mains. Il venait de les dérober des nœuds coulants du braconnier. Étonné, il m'interrogea :

– Que fais-tu dans ces parages à cette heure ?

De suite, il me tendit un lièvre :

– Viens ! On partage et on rentre ! Il fait vraiment trop froid !

Il pensait ainsi me rendre service. Je lui expliquai mon aventure. Avec un regard compatissant, il me promit qu'une fois ses deux lièvres mis en sûreté, il reviendrait à ma rencontre. Je savais que je pouvais compter sur lui. Auguste, un orphelin, livré à lui-même, portait toujours un passe-montagne sur la tête. De ce fait, il était devenu le souffre-douleur de toute l'école. Comme il n'avait pas eu les moyens de se faire soigner d'une grave otite, il était à moitié sourd, ce qui l'avait handicapé dans son travail scolaire. Personne n'avait remarqué qu'il lisait sur les lèvres pour communiquer avec le monde extérieur. En réalité, il était très malin et doté d'une adresse manuelle prodigieuse.

Après cette brève rencontre, je gravis un raidillon cerné de barbelés. Je jetai mon sac par-dessus et rampai comme une limace. En apercevant enfin l'îlot, je pensais que c'était folie de m'aventurer ainsi, seule dans la nuit. Lorsque j'atteignis la passerelle, Max, le berger allemand aux crocs terribles, fila comme une flèche droit sur moi et me causa une frayeur épouvantable. Je l'appelai :

– Max, ici, viens, Max, c'est moi.

Il reconnut ma voix et s'approcha doucement. Dès qu'il eut reniflé mon odeur, il perdit toute agressivité et commença à me lécher le visage. Puis il m'accompagna jusqu'à sa niche et s'allongea sur un épais matelas de paille et de feuilles mortes, insensible au froid.

C'est ici que vivaient les deux taciturnes auxquels j'allais rendre visite. Je contournai le petit jardin à la clôture couverte de givre. Le gel avait transformé les bourgeons des choux de Bruxelles en petites boules de cristal. Je n'aperçus pas une souche d'arbre et me tordis le pied. Pour attirer l'attention sur moi, je dus tambouriner fortement contre le volet de la petite fenêtre de la cuisine d'où filtrait une faible lueur.

Alerté, Hans, le paysan, tira le verrou de la porte d'entrée qui donnait directement sur la cuisine. En entrant, je trouvais Moiry assise sur une chaise devant la cuisinière, les jambes posées sur la porte ouverte du four, en train de se réchauffer les pieds. La bonne soixantaine, elle était déjà bien ravinée. Un bandeau de laine noire noué sous le menton, elle reprisait de vieilles chaussettes de ses petites mains abîmées. Entre-temps, Hans était retourné s'asseoir sur un petit banc. Maigre, le visage anguleux, la pomme d'Adam proéminente, l'homme ne souriait jamais. Sur un grand fauteuil, en face de lui, le chat de la maison dormait d'un œil, attendant les caresses de son maître. Il comblait visiblement un manque affectif chez cet homme frustré. La vision insolite de cet homme recroquevillé sur un banc trop étroit, alors que le matou se prélassait sur le fauteuil, me choqua. Je le lui fis remarquer, mais, comme seule réponse, j'eus droit à un haussement d'épaules.

Je posai les marks flambant neufs sur la table. Moiry, les yeux brillants de mille feux, les tâta, les palpa, les caressa, les huma. Rayonnante à la vue de ces billets conformes à son désir, elle partit les cacher dans sa chambre. Puis elle revint s'enquérir de ma demande et ordonna à son mari d'aller chercher le plus grand pan de lard fumé qui se trouvait dans l'arrière-cuisine. Pendant son absence, je tendis à Moiry mon pied enflé, lui demandai un peu d'eau-de-vie pour le frictionner, pensant ainsi soulager ma douleur. D'un air désolé, elle me répondit :

– Je ne peux rien pour toi ; ici c'est la Isch, pas Cana.

Pourtant, le miracle se produisit ! Pendant que Moiry était partie à l'étable traire les vaches, Hans souleva le chapeau de gendarme de l'armoire verrouillée dont sa femme portait sur elle la clef. Rusé, il soutira des bonbonnes le schnaps, qu'il remplaçait par de l'eau de la rivière, quitte à lui faire croire que le bouchon, trop vieux, avait laissé l'alcool s'évaporer. Pressée de mettre fin à mon aventure, je tendis le sac vide à Hans, il y plaça le lard et m'attacha le sac au dos avec ma corde. Pour que celle-ci ne me rentre pas trop dans les épaules, je lui demandai des coussinets de paille.

Lorsque je fus bien harnachée, il me reconduisit jusqu'au pont de chemin de fer où Auguste, recroquevillé sous un saule givré par le froid, m'attendait pour m'escorter jusqu'à la maison. Il me proposa de porter mon fardeau, mais défaire les liens était trop fastidieux. Nous marchions côte à côte et la lune nous éclairait ; au fond de moi le soleil brillait. De temps en temps, je redressais mon pan de dix kilos qui commençait à peser.

J'arrivai à la maison. Lénie, ébahie de me voir avec ce pan de lard, poussa un soupir de soulagement. Épuisée par cette marche éprouvante, je m'affalai sur le canapé. Mon père paraissait désapprobateur, mais son regard trahissait sa fierté. J'avais eu bien peur d'être réprimandée pour mon audace !

La Gestapo libéra les trois cheminots juste à temps. Le lendemain, un train devait les emmener vers un camp de concentration. Ma ténacité s'était avérée utile. Je ne peux dire ce qui avait prévalu, la vision de cette belle laine ou le fait de pouvoir sauver ces garçons. Sans doute les deux. Je pense encore souvent que, si tout cela était à refaire, je le referais sans hésiter.

Hitler et les trois sapins

Du temps où mon père allait à l'école communale, avant la Première Guerre mondiale, son instituteur allemand, M. Heine, donnait des cours le matin aux garçons, l'après-midi aux filles. Se référant à l'histoire, ce grand patriote essayait d'inculquer à ses élèves que la Lorraine était, depuis l'éternité, une terre allemande.

Au printemps, arborant l'aigle noir à la boutonnière, il avait planté en compagnie de ses élèves trois sapins bleus qui symbolisaient la gloire, la puissance et la suprématie de l'Allemagne, en bordure du chemin rural de la Isch, à la sortie du village. Le 27 janvier, jour anniversaire de la naissance du Kaiser, l'empereur Guillaume II, était un jour férié, mais aucun des villageois ne le fêtait, au grand dam de l'enseignant. Celui-ci obligeait tous les ans les jeunes à faire le tour du village jusqu'aux sapins bleus en scandant : « Aujourd'hui est un grand jour, fêtons l'anniversaire du Kaiser ! »

Quelques dizaines d'années plus tard, le charron avait construit son atelier derrière ces conifères. Mon père et le charron, toujours à l'affût d'une plaisanterie fumante, s'entendaient comme larrons en foire. Nous étions à nouveau en guerre, et nos deux impénitents, pour blâmer et se moquer du Führer, accrochèrent discrètement à ces sapins, comme chaque 20 avril, jour anniversaire de Hitler, un pantin de chiffon. Heureusement, cela ne leur causa jamais de tort. Le risque de se faire dénoncer était minime, car tous les gens du village se montraient tacitement complices de cette sentence symbolique.

Le jour de la Libération, ils furent les premiers à accrocher des drapeaux tricolores aux cimes des majestueux conifères. C'est ainsi que les « maudits sapins schleus » prirent leur revanche sur l'histoire en devenant les « Arbres de la Liberté ».

Une leçon d'anatomie bien singulière

L'occupant allemand imposait aux jeunes filles du canton qui avaient atteint l'âge de quinze ans de fréquenter l'école ménagère de Sarrebourg, chaque mardi. Sous prétexte de nous apprendre à faire des économies dans le ménage, à acquérir rigueur et discipline, on cherchait à nous endoctriner. Jadis, à l'école communale, avant que l'enseignement ne débute, nous nous levions pour joindre les mains et réciter des prières à la gloire de Dieu. Ici, les cours débutaient très différemment : il fallait se lever, tendre le bras droit et proclamer à la gloire d'Hitler : « Heil dir im Siegeskranz, mein Führer » (Bénis sois-tu, mon Führer, grand vainqueur). Ce salut était suivi du récit de l'avancée glorieuse de l'armée allemande en territoire ennemi. Pincez la corne d'un taureau, il restera aussi insensible que nous l'étions à cette propagande nazie qui rentrait dans l'oreille droite pour ressortir aussitôt par la gauche.

Ingrid Holz, notre maîtresse, une jeune Allemande d'à peine vingt ans, n'arrivait pas à comprendre qu'en Sarre ses élèves applaudissaient et qu'en Lorraine ils s'en moquaient éperdument. Pendant une récréation, elle me retint et me demanda une explication. Sans dire mot, je pris une craie et écrivis au tableau : « Voici l'anatomie d'un Alsacien-Lorrain. » Je dessinai un homme la tête, les bras et les jambes allemands, mais avec le tronc français, au cœur immense. D'un ton à peine audible, elle me dit :

– Je m'en doutais.

Puis son patriotisme reprit le dessus et elle fit volte-face :

– Sais-tu que je peux te dénoncer ?

Je lui répondis :

– Non, car vous n'ignorez pas qu'une fois la guerre finie c'est moi qui peux vous sauver par un témoignage en votre faveur.

En juin 1946, je reçus une carte en provenance de Sarrebruck. On pouvait y lire : « Merci pour l'anatomie. » Elle était signée Ingrid Holz.

Un périlleux trafic de viande

Sous l'occupation, les paysans étaient contraints d'alimenter les troupes allemandes. Il fallait leur livrer tous les ans un certain pourcentage de nos animaux. Nos éleveurs préféraient naturellement approvisionner d'abord leurs concitoyens affamés, à plus forte raison ceux expulsés par les nazis. Ces actions étaient fort risquées, mais étaient réalisables grâce à la complicité de Charles, l'équarrisseur de Sarrebourg, un « héros de l'ombre ».

Comme par malheur, nos génisses avortaient souvent, ou alors leurs veaux crevaient et, bien sûr, la peste porcine emportait nos porcs. Pour plus de crédibilité, il nous fallait marteler la carcasse du cochon dès son abattage, avant le saignement, afin de laisser sur sa peau des hématomes simulant cette épidémie. Muni d'une autorisation délivrée par l'Ortsleiter, le maire du village, mon père obtint un certificat et un grand sac de chaux vive pour saupoudrer la carcasse de ces animaux « crevés » aux fins de les enfouir. Ces formalités accomplies, la chaux était alors versée sur... une bâche imperméable les recouvrant et le transport se déroulait avec la camionnette de l'équarrisseur qui se dirigeait vers les futurs consommateurs.

Il arriva un jour que, souffrant d'une carie dentaire, je demandai à M. Charles de bien vouloir m'emmener en ville chez le dentiste. Ce jour-là, alors que ces transports s'étaient toujours déroulés sans encombre, la chance tourna. À la sortie du village, deux soldats SS en side-car nous dépassèrent. Charles ressentit de suite un malaise qui se révéla prémonitoire. À la vue du chargement, ils nous intimèrent l'ordre de nous arrêter. Le cœur battant, je me demandai comment il allait se sortir de cette situation périlleuse. Prestement, il sortit de sa poche une croix gammée et l'épingla à sa veste.

Après l'obligatoire « Heil Hitler », il se ressaisit et leur montra un certificat d'enfouissement en bonne et due forme. Suspicieux, un des nazis, au visage aiguisé comme un couteau, voulut vérifier le chargement, mais il n'arriva pas à soulever la bâche bien arrimée. Il aboya furieusement :

– Vous avez caché des prisonniers là-dessous !

Parfait comédien et très futé, mon chauffeur lui lança d'un ton encore plus agressif :

– Arrière ! Vous ne savez pas que la peste porcine se transmet aussi à l'homme ?

Vêtu de son long tablier en cuir, il revêtit alors un masque à gaz, enfila ses longs gants, et fit mine de vouloir relever la bâche. À la vue de cette mise en scène rondement menée, nos SS froussards et peu fiers, encore sous l'effet de la surprise, déguerpirent sans tarder. Le cœur battant mais soulagés, nous mîmes du temps pour reprendre nos esprits.

Nos animaux, découpés et reconditionnés dans des sacs postaux, furent acheminés par voie ferrée vers Paris à partir de la petite gare d'Avricourt, la première gare de la zone libre.

Depuis, j'ai toujours un souvenir ému pour la bravoure de tous ces hommes, postiers, cheminots et autres passeurs, dont beaucoup sont aujourd'hui disparus, et qui ont, au péril de leur vie, contribué à ce trafic. Ils ont permis à tant de Français, réfugiés ou expulsés, de bénéficier de cette précieuse aide humanitaire. Les habitants de l'est de l'Hexagone ont ainsi démontré, sans faillir, leur sens de l'entraide et du partage.

La potée des passeurs

Sous l'occupation allemande, mon père était l'un des maillons d'une chaîne de passeurs. De nombreux prisonniers français, sur le chemin du retour, trouvaient refuge chez nous. Arthur, un valeureux villageois, prenait ensuite le relais pour les conduire de nuit à travers champs vers un autre passeur.

En cet hiver 1942, il gelait à pierre fendre, lorsque notre vétérinaire vint à la ferme pour nous informer qu'il amènerait, à 20 heures, onze prisonniers français cachés dans la forêt proche. À l'heure dite, je fus chargée par mon père de retenir l'attention des deux gardes allemands en faction devant notre porte tandis qu'il faisait entrer nos hôtes par l'arrière-cour. Le vétérinaire devait les reprendre en charge plus tôt mais, ayant appris qu'il était surveillé, il avait retardé ce transfert et les malheureux avaient dû patienter deux jours de plus dans un hangar abandonné, sans nourriture, ni boisson, ni, bien sûr, chauffage.

Je vois encore dans mon esprit ces onze fantômes vivants, grelottant de froid, le regard hagard, tapis sous la paille du fenil. Affamés, ils engloutissaient une solide potée lorraine garnie de cochonnailles que nous leur avions préparée puis, rassasiés, s'allongeaient dans la paille avec une couverture et s'endormaient comme des loirs.

Hélas, leurs estomacs réagirent vite à ce repas bien gras et la potée pris la fuite par le bas. Il n'est pas nécessaire de dépeindre les affres de ces onze malades sans sanitaires, ni papier de toilette, ni eau courante, ni, bien sûr, vêtements de rechange. Heureusement mon père, pressentant un fâcheux contretemps, se réveilla vers 2 heures du matin et se rendit avec sa lampe à pétrole auprès des fugitifs. Il comprit vite l'étendue du problème et leur apporta le seul pot de chambre dont nous disposions et une bassine à lessive. La journée du lendemain fut consacrée à la collecte de récipients dans le voisinage et de vieux journaux. Puis se posa le difficile problème de l'évacuation des excréments. Il n'était pas possible de les vider sur le tas de fumier devant la ferme sous le nez de l'occupant. Il nous a fallu les jeter dans l'étable derrière la litière des vaches, ce qui dégagea une puanteur insoutenable.

Quant à nos malades, ils furent soulagés par des infusions de camomille copieusement arrosées de schnaps, remède miracle à tous les maux d'antan. Nous étions conscients des dangers encourus, et notre inquiétude était à la hauteur de la qualité des soins et de la compassion que nous leurs avions apportés. Afin de pouvoir se reposer vraiment, ils restèrent une quinzaine de jours cachés chez nous avant d'être conduits vers un autre passeur pour rejoindre la France libre.

Après la guerre, mon père trouva inconvenant de prétendre à une décoration. Il avait simplement fait son devoir dans l'ombre comme beaucoup d'Alsaciens et de Lorrains le firent.

La frontière

Mon oncle Joseph, déserteur de l'armée allemande, était passé en zone « française ». Il y avait rencontré l'amour de sa vie et voulut se marier. Il demanda à sa mère de lui apporter les papiers nécessaires, juste derrière la frontière, à Bertrambois, petit village près de Cirey-sur-Vezouze, aujourd'hui en Meurthe-et-Moselle.

Grand-mère me demanda de l'accompagner, elle ne savait guère se débrouiller en français. C'est à l'école ménagère que j'avais fait la connaissance de Simone, qui habitait Nitting, dernier village accessible par la voie ferrée. Elle m'a été d'une grande utilité pour ce voyage. Grand-mère et moi avions rejoint Nitting par le train, Simone nous hébergea pour la nuit. Le lendemain, son cousin Yvon nous emmena avec son attelage de deux chevaux sur une charrette à la frontière de Lafrimbole. À l'entrée de la forêt de Niderhoff, un renardeau, nullement intimidé par notre présence, restait assis sur le bord de la route sans bouger et nous fixait de ses petits yeux rusés. Peu après, un chat sauta d'un arbrisseau devant l'attelage en l'effrayant. Nous nous interrogeâmes des yeux tous les trois : ce ne pouvaient être que de mauvais présages.

Arrivé à Lafrimbolle, Yvon s'arrêta devant une grande ferme, appartenant à de vagues connaissances de ses parents, et alla s'enquérir auprès de la maîtresse de maison si elle voulait bien lui accorder l'autorisation d'abriter son attelage sous son hangar jusqu'à 15 heures. Il lui expliqua les raisons de sa demande. Elle acquiesça de la tête. Yvon prit sa bicyclette, qu'il avait emportée sur sa charrette, nous souhaita bonne chance et partit. Interdite, je regardai cette femme : un vrai repoussoir, aux traits anguleux, aux dents de cheval. Elle ricana sous cape en nous jetant un regard stupide. Mon intuition me dit : « Celle-là serait bien capable de nous dénoncer. » J'en fis part à grand-mère. Fébrile à l'idée de revoir son fils, les pensées ailleurs, elle ne me répondit pas.

Déguisées en faneuses, nous traversâmes la frontière en tenant notre râteau sur l'épaule droite. Cent pas plus loin, nous saluâmes de loin le garde en levant le bras gauche avec un « Heil Hitler ! » Il nous répondit en vocirérant :

– Le salut hitlérien se fait du bras droit !

Nous avons obtempéré immédiatement et changé le râteau d'épaule.

À Bertrambois, la rencontre avec mon oncle fut décevante. Grand-mère, au lieu d'apporter à Joseph les papiers tant convoités, lui annonça qu'elle s'opposait à une union avec « une fille de l'intérieur ». Avant d'entamer le retour, vers 15 heures, pleine de compassion, je jetai à mon tonton des regards emplis de tristesse. Il se leva, m'embrassa d'un long baiser sur le front, se détourna et s'en alla sans embrasser sa mère, rempli de dépit et d'amertume.

Après le départ de Joseph, comme des âmes en peine, muettes et silencieuses, nous nous dirigeâmes à grands pas vers la douane. Essoufflée par cette marche rapide que je lui imposais, ma grand-mère transpirait comme une cruche d'eau fêlée. Quand nous arrivâmes à la douane, je constatai que mon flair du matin m'avait bien guidée. La fermière nous avait dénoncées. Les hommes de la Gestapo nous attendaient. Des bouteilles de bière vides jonchaient le sol du poste ; ils étaient plutôt éméchés. À trois, ils nous poussèrent sans ménagement dans leur voiture et démarrèrent sur les chapeaux de roue.

Dans la voiture, l'ivrogne assis à ma droite n'arrêtait de me donner des coups de coude dans le flanc. Celui de gauche ne cessait de me menacer et me lança :

– Petite espionne, cette fois on te tient ; tu vas payer tes messages à l'ennemi. On va te boucler et te laisser croupir ; tu auras tout le temps de te repentir.

Son haleine empestait la bière. Arrivé devant la Kommandantur de Sarrebourg, le conducteur stoppa brutalement. Grand-mère se cogna contre le pare-brise et s'en sortit avec une bosse sur le front, tandis que je volais de l'arrière vers l'avant ; j'en fut quitte pour une frayeur.

Puis commencèrent des interrogatoires musclés pour chacune de nous, séparément. Nullement intimidée, les sens en éveil, poussée par ma force de caractère, je ne pliai pas. Ils n'arrivèrent pas à me faire avouer l'espionnage dont ils me croyaient coupable. Le plus dégradant fut lorsque l'un d'eux se jeta sur moi comme un taureau en furie, m'arracha ma blouse et m'obligea à enlever mon corset, qu'il lacéra pour en faire sortir les baleines. Il pensait trouver des messages cachés. N'ayant rien découvert, bouillant de colère, il me tordit le bras avec une force inouïe. Je hurlai de douleur. Indignée, et pour qu'il me lâche, je lui mordis rageusement le bras. Au même moment, la porte s'ouvrit, un haut gradé entra et ordonna à mon bourreau de me lâcher et aux deux hommes de sortir. Nos regards se croisèrent ; il me dévisagea un long moment. Puis il se baissa, ramassa ma blouse et mon corset lacéré et m'invita gentiment à le suivre dans la pièce voisine où il me montra d'un geste un canapé.

Je m'assis et lui demandai une cruche d'eau et un verre. J'étais très assoiffée. Il tira la sonnette et ordonna à son majordome d'apporter une bouteille de champagne bien frappée, avec deux verres. Époustouflée par tant d'amabilité chez un SS, j'avais l'impression de vivre un rêve les yeux ouverts. Quand je me retrouvai avec un verre de champagne à la main, je fus en proie à un cruel dilemme : la soif me poussait à le vider aussi sec, mais le bon sens me commandait de ne pas toucher à ce verre. C'est lui qui l'emporta : je refusai sous prétexte que je ne buvais jamais d'alcool, ce qui était d'ailleurs vrai. À seize ans, j'étais une fille très éveillée, mais ô combien ignorante des choses de la vie. Je n'arrivais pas à percer les causes de ses agissements. J'étais à cent lieues de me douter que je me trouvais en face d'un homme « affamé de jeunes pousses », hungrig uf junges Gemies, comme on disait chez nous. L'ange de l'innocence déploya ses ailes, ma menstruation me sauva et je pus retrouver, saine et sauve, grand-mère assise en bas de l'escalier. Nous regagnâmes la rue Lupin, où une fontaine regonfla les éponges sèches que nous étions devenues.

C'est alors que nous songeâmes à rentrer dans notre village. Mais le dernier train venait de partir ; il ne nous restait plus qu'à parcourir dix-huit kilomètres à pied. Nous passâmes devant une petite chapelle. Nous n'avions même pas eu le courage de pousser la porte pour remercier Dieu. Pourtant, nous étions bien conscientes que nous venions d'échapper à la déportation vers le camp de concentration du Struthof. Fatiguées, nous marchions en silence, les yeux baissés. Grand-mère s'arrêtait de temps en temps en poussant un soupir. La vie tient parfois à peu de choses.

Histoire de schnaps

Nos richesses locales venaient de l'agriculture et de l'arboriculture. À Veckersviller, depuis toujours, les arbres fruitiers, tels que pommiers, poiriers, mirabelliers et cerisiers, abondaient. Les pruniers constituaient la dominante, car la quetsche servait à l'élaboration de l'eau-de-vie. Chaque année, plusieurs hectolitres étaient ainsi distillés dans le village. Notre schnaps, au bon goût de terroir, était surnommé « pipi des têtes de chats », car nos villageois avaient pour sobriquet « Katze-Kopf » (tête de chat). Le breuvage était fort prisé des « gueules noires » au pays des terrils. Dès la remontée des puits, les mineurs s'en rinçaient le gosier en l'alternant avec une bière. La vente de cet alcool était pour nous une source de revenu appréciable. Nous arrivions facilement à écouler plus d'une centaine de litres par an.

En octobre, la récolte des quetsches n'était pas une mince affaire. Accroupis par tous temps, à longueur de journée, nous nous écorchions les doigts, souvent engourdis, sur le chaume, et, le soir, la lombalgie se manifestait. De grands sacs, remplis des fruits, étaient transportés sur une charrette à bras jusqu'aux barriques de fermentation.

La distillation, un travail de longue haleine, se faisait autrefois sans discontinuer, de jour et de nuit. D'abord, il fallait sortir les fruits fermentés du tonneau pour les transvaser dans l'alambic. Ensuite, la première chauffe donnant les eaux blanches de 80° était arrêtée aussitôt le titre approchant les 50°. Après une première passe, il fallait nettoyer minutieusement l'alambic avant d'effectuer la deuxième chauffe, le raffin, pour obtenir l'alcool. Celui-ci imposait une surveillance de tous les instants. Si l'eau-de-vie qui sortait du serpentin était plus grosse qu'une aiguille à tricoter, il fallait retirer une ou deux bûches du feu, et en ajouter si le filet devenait trop ténu.

Pendant la guerre, c'était même un sport régional que de distiller en douce, à la barbe des Allemands. Un jour, fin janvier 1943, alors que mes parents commençaient une distillation clandestine, des soldats patrouillaient dans le village. Le soir du deuxième jour, lors du raffin, la fatigue de mes parents avait atteint son paroxysme. Comme je les avais aidés maintes fois, je me sentais capable de les remplacer. Je leur proposai de prendre la relève, toute seule.

Dans le hangar aux lumières bien camouflées – à cause des bombardiers américains –, la nuit s'étirait interminablement. Assise sur un petit banc, devant l'alambic, je surveillais attentivement l'écoulement. En rêve, je me voyais déjà en Madelon offrir un petit verre de ce délice à nos soldats libérateurs, attendus avec grande impatience. Il faillit en être autrement. La suite me fut racontée par mon père.

Au petit matin, papa me trouva inanimée à même le sol, sous le col de cygne de l'alambic. Horrifié et apeuré par cette découverte, il courut en toute hâte à la Poste pour télégraphier au médecin en insistant sur le fait que j'étais en danger de mort. Le docteur fit diligence et, dès son arrivée, décréta qu'un lavage d'estomac s'imposait. Déjà, une patrouille de deux Allemands, intrigués par la présence de sa voiture, avançait vers la maison. Sans perdre son sang-froid, maman trouva un argument ingénieux pour ne pas leur dévoiler cette distillation et mon coma éthylique. Mon ventre, gonflé avec un gros coussin, me donnait l'apparence d'une femme enceinte. L'un des soldats, berné, plein de compassion, supplia le praticien de tout faire pour sauver le bébé. Le docteur, l'air désespéré, lui répondit : « Et dire que son pauvre et valeureux mari se trouve sur le front de Russie ! »

À l'hôpital, le lavage d'estomac s'avéra inutile. Mais il permit de découvrir que je n'avais pas bu la moindre goutte d'alcool, et qu'en surveillant l'écoulement de trop près j'avais inhalé les vapeurs d'alcool qui m'avaient intoxiquée.

À la Libération, cette eau-de-vie, bien cachée sous la paille du fenil, servit à accueillir triomphalement les soldats du général Leclerc aux cris de « Vive la France, Vive la France ! » Et, comme toutes les filles du village, j'ai pu alors, folle de joie, jouer à la Madelon. Aujourd'hui encore, l'odeur du schnaps me rappelle ce moment trouble de mon existence.

Le sang des innocents

Novembre 1944. Nous étions réfugiés depuis plusieurs jours avec nos voisins à la cave et la guerre sévissait au-dessus de nos têtes. Papa pensait que la cave était le seul endroit sécurisant de la maison, puisque le fenil bien rempli situé à l'arrière pouvait nous protéger des projectiles venant de ce côté-là. Son intuition s'avéra précieuse. Deux obus s'étaient logés dans le foin sans exploser, ce qui nous avait sauvé la vie. D'autres, tombés sur le village, avaient fait une victime, une mère de plusieurs enfants.

Le 24 novembre, la bataille faisait rage. Éveillés toute la nuit, nous égrenions doucement des chapelets pour ne pas réveiller les enfants et les vieux, endormis sur les tas de pommes de terre et de betteraves. Le matin, tout le monde profitait d'un calme relatif pour s'occuper des bêtes. Je montais chercher du linge quand j'aperçus, par une vue plongeante, des chars américains qui rentraient au village.

En passant la grange où mon père était en train de mélanger foin et paille, je lui criai :

– Les Américains ! Les Américains arrivent !

Au moment même, sous une poussée de la porte entrouverte, un jeune Allemand, à peine sorti de l'enfance, s'engouffra dans la grange, poursuivi par un SS en uniforme. Furieux, celui-ci lui ordonnait de continuer à se battre. L'adolescent se retourna en le suppliant :

– Laissez-moi me rendre ! Je ne veux pas mourir ! Je veux revoir ma maman !

L'autre lui répliqua :

– Notre devoir est de verser jusqu'à la dernière goutte de sang pour la gloire de notre Führer.

Désobéissant, le jeune homme jeta son arme. Le regard rempli de haine, le SS fanatique tira. La balle transperça le cou du jeune soldat. Horrifiée, je laissai choir mes seaux de baccade, ce mélange de pommes de terre cuites, de petit-lait et de céréales pour les cochons que nous appelions sauwfressen. Comme transformée en statue, je n'arrivais plus à bouger. L'abominable assassin sortit de la grange et se fit capturer devant la porte par deux GIs. Puis d'autres Américains entrèrent, insensibles à la vue de l'agonisant, et commencèrent à fouiller la maison à la recherche de soldats allemands.

Lorsque je parvins enfin à bouger, je m'agenouillai devant cet innocent et lui serrai fortement la main. La vue de ce jeune soldat, encore imberbe, beau comme Adonis, qui sentait sa vie s'en aller par un trou béant était bouleversante. Son sang inondait le sol sous mes genoux. Dans un éclair de lucidité, il chercha à retrouver en moi l'image de sa maman. Puis il laissa échapper de ses lèvres, d'où coulait un mince filet de sang, deux ou trois syllabes : « Mut... Mutter... », ce qui voulait dire : « Maman ». Puis il eut un dernier sourire et la mort fit son œuvre. À l'arrière-plan, papa, tenant la fourche dans ses mains, atterré, plein de colère, n'arrivait pas à laisser échapper ses sanglots. N'ayant trouvé aucun ennemi dans la maison, les « boys » repassèrent devant nous. Je leur fis signe d'enlever le cadavre, ce qu'ils firent. Je recouvris ensuite de cendre la flaque de sang et, les mains tremblantes, ramassai à l'aide d'une balayette ce mélange pour le jeter sur le fumier, comme nous faisions d'habitude avec nos déchets.

Au moment où je levai mon bras, une main invisible me retint. La voix de sa mère – ou de ma conscience – me disait : « Est-ce que le sang de cet innocent ne mérite pas une sépulture plus digne que ton tas de fumier ? » Honteuse de commettre une infamie, je déposai ma pelletée sur un tonneau dans l'attente d'une sépulture plus digne. La bataille terminée, je l'enterrai au pied d'un calvaire. Lorsque je vois des bleuets au bord d'un chemin, ces fleurs qui, jadis, poussaient devant cette croix, je ressens une émotion intense. Lors de la dernière guerre, combien de parents ont reçu un télégramme ainsi libellé : « Mort au champ d'honneur pour la gloire du Führer » ? En réalité, ils avaient été assassinés par ces fanatiques endoctrinés et bornés. Que ces innocents reposent en paix. Que ces horreurs ne se reproduisent plus jamais.

Drôles de boyaux

Au printemps 1945, une grande animation régnait dans notre village. Des soldats américains cantonnaient dans toutes les maisons. Comme ils appréciaient notre schnaps, nous faisions du troc : une bouteille d'eau-de-vie contre un grand paquet de tablettes de chocolat.

Un jour, mon frère et moi longions une ferme isolée, occupée par des militaires américains. Comme j'étais une belle et grande fille, mon frère me suggéra d'approcher pour voir si nos « hôtes » ne m'offriraient pas de ce fabuleux chocolat, histoire de me tenter. Le résultat dépassa nos espérances. M'apercevant, les soldats clignèrent de l'œil et, aussitôt, l'un d'eux me tendit un grand paquet. Je le gratifiai d'un large sourire et lui envoyai des bisous en guise de remerciements.

Puis je rejoignis mon frère qui m'attendait derrière une citerne à purin. La gourmandise nous poussa à ouvrir immédiatement le paquet. Autant mon frère était déçu de ne pas trouver de chocolat, autant j'étais moi-même agréablement surprise de découvrir ce qui me paraissait être des boyaux de porcs. Quelle aubaine ! Mon père projetait de tuer le cochon le lendemain. Cela tombait bien, les « boyaux » étaient fin prêts à être remplis de chair à saucisse !

Nous arrivâmes devant la maison paternelle et, pour m'assurer qu'ils convenaient pour notre saucisse lorraine, mon frère pompa de l'eau dans un boyau que je lui tendis. Nous voyant faire, des Américains se tordaient de rire.

Satisfaite, je rentrai dans la cuisine et montrai à mes parents mon paquet. Quand il en découvrit le contenu, mon père partit le cacher sous prétexte que les soldats américains, s'apercevant de l'erreur, pourraient venir le réclamer.

Après l'abattage du cochon, impossible de retrouver ces boyaux. J'étais très en colère et refusai de vider les intestins de leurs excréments. Pour me calmer, papa exécuta ce travail salissant à ma place. Encore ignorante des choses de la vie, je ne pouvais pas connaître l'existence des préservatifs, encore moins savoir à quoi ils servaient. Certainement pas à accueillir de la chair à saucisse !

Une famille
pas comme les autres

Mon père
ou la gloire de l'héritier

Mon père était le septième et dernier enfant de la famille – le seul fils. Son enfance fut celle d'un prince. Il fut adulé et choyé par ses parents et ses grandes sœurs qui lui passaient tous ses caprices.

Devenu jeune homme, il eut envie de découvrir d'autres paysages et, notamment, la mer. Il s'engagea donc dans la marine afin d'y accomplir son service militaire. En attendant sa convocation, il passa l'hiver à apprendre le métier de boulanger-pâtissier à Sarreguemines. Le mitron devait se plier aux exigences du patron : gare si la pâte pétrie à la force de ses bras n'était pas assez travaillée et n'avait pas l'élasticité souhaitée ! Ce fut une expérience salutaire pour ce jeune homme un peu suffisant.

Au printemps, l'arrivée de la convocation militaire mit fin à cette rude épreuve. Il embarqua à Lorient et son récent apprentissage lui valut d'être affecté aux cuisines en tant que second coq. Il parlait mal français, ce qui lui posait bien des problèmes. Lorsque les matelots étaient de sortie, lors d'une escale dans un port, il épluchait le dictionnaire afin de maîtriser la langue de Molière. Avec beaucoup de ténacité, il parvint peu à peu à s'exprimer plus correctement.

Un matin, vers 11 heures, le commandant vint inspecter les cuisines d'où s'échappaient des odeurs alléchantes de bouillon de volaille. Il souleva le couvercle, et, satisfait, s'adressa au coq :

– Bon, bien aromatisé !

Flatté, papa lui expliqua que ledit consommé était le résultat de ses talents culinaires. Dans un français très approximatif, il dit à son supérieur :

– Mon commandant, j'ai fait cette soupe avec la figure de ta poule.

Ce qui signifiait que le potage avait été préparé avec des abats de volaille. Le commandant rougit et mon père comprit qu'il venait de commettre un impair. Voulant se racheter, il se dressa sur la pointe des pieds, gonfla sa poitrine, déploya ses bras et poussa des cocoricos devant un commandant outré par ce qu'il croyait être de l'insolence. Son attitude lui valut quinze jours d'arrêt, ce qui le privait d'une permission accordée aux orphelins pendant la Toussaint. Le fait de ne pouvoir s'incliner sur la tombe de son père, dont il n'avait qu'un vague souvenir, ne le dérangeait guère, mais il rageait à l'idée de ne pouvoir faire admirer son superbe costume aux filles du village ! Il alla trouver un interprète et lui raconta sa mésaventure. Ce dernier parvint à lui faire lever sa punition. C'est ainsi que mon père put partir en permission.

Arrivé à Paris après avoir passé une nuit blanche, il rejoignit la gare, pénétra dans plusieurs wagons et chercha désespérément une banquette pour s'allonger. Dans le dernier, il repéra deux places assises. Pour se les octroyer, il eut recours à un stratagème astucieux. Il commença à se gratter et à attraper des puces imaginaires. D'un geste expert, il écrasait ces petits corps fictifs entre les ongles de ses pouces. Puis il se mit à cracher son jus de chique par terre, prenant soin de viser les souliers des voyageurs. Le résultat dépassa ses espérances. Écœurés, les passagers décampèrent, lui laissant toute la place. Il s'endormit profondément. Au premier arrêt, une dame et sa fille pénétrèrent dans le wagon. Mon père ouvrit l'œil et, impressionné par la beauté de la jeune fille, se leva aussitôt pour lui permettre de s'asseoir. Il aurait bien voulu entamer la conversation, mais il craignait tellement de mal s'exprimer qu'il y renonça. La vision de cette très belle jeune femme est restée à jamais gravée dans sa mémoire.

Lorsqu'il fut arrivé au village, ce beau garçon vêtu d'un magnifique costume de marin français attira tous les regards. Les gens étaient habitués au costume de marin allemand, mais qui n'égalait en rien celui-ci. Pour ajouter à son charme, il crut bon de chausser un pince-nez. Avant de retrouver sa maman, il fit deux fois le tour du village. Il croisa alors une jolie fille, impatiente de toucher le pompon porte-bonheur. C'était ma mère.

Grand-père Georges ou l'amour de la terre

Mon grand-père paternel, Georges dit le Kaspar, descendait d'une longue lignée de paysans, issue d'une très ancienne famille du nom de Miller. Le greffier allemand trouvait que ce nom ne sonnait pas assez germanique et, fort de son autorité, le transforma en Müller. La famille fut froissée par ce geste du greffier et mit très longtemps à s'en accommoder.

Kaspar était un homme de l'ancien temps, digne et respecté cultivateur. Avare de mots, il n'obéissait qu'à sa conscience. Très croyant, il était respectueux des traditions et intransigeant sur les principes. Sans être avare, il serrait les cordons de la bourse et connaissait la valeur des choses. Pour lui ne comptait que le rendement ; chaque mètre carré de culture devait rapporter le maximum. Il était tellement minutieux qu'après chaque labour il remettait avec une pelle les mottes de terre tombées dans le sillon. Puis il se baissait, en ramassait une poignée pour la lever vers le ciel comme une offrande : « Mon Dieu, à toi de la rendre fertile», la triturait, puis, d'un geste ample et satisfait, la jetait à travers le champ. Puis il vérifiait si les voisins n'avaient pas déplacé la borne pour gagner quelques sillons – ce que certains paysans avaient effectivement l'habitude de faire.

C'était le seul travail de la terre qui lui fournissait son pain quotidien. Il y était viscéralement attaché. En homme avisé, il ne manquait pas d'inspecter son exploitation les dimanches, après les vêpres, accompagné de grand-mère. Quand les hivers bien froids et enneigés offraient une forte densité de neige, il décrochait le vieux sabre de son père et mesurait la hauteur du manteau blanc derrière la maison. Si le sabre disparaissait complètement dans la neige, il se frottait les mains. Ce seul engrais, fertilisant la terre, promettait une récolte abondante.

Kaspar gérait son cheptel et sa ferme avec beaucoup de savoir-faire et une attention de tous les moments. Il conduisait ses filles de la voix et du geste. Gare à l'une d'elles si, aux travaux des champs, il la voyait se redresser pour reprendre haleine et se reposer trop longtemps.

Au village, on le saluait bien bas ; les gens savaient que, si la mort ou la misère frappait à leur porte, Kaspar ne se faisait jamais prier pour les aider. Bien souvent, il se portait garant, mais ce n'était pas un usurier ; il prêtait facilement, sachant bien qu'il risquait de ne pas être remboursé. Charitable, lorsqu'il devait labourer une de ses terres jouxtant celle d'une veuve, il retournait les deux parcelles et, bien souvent, les ensemençait avec son propre grain.

Kaspar n'avait pas que des qualités : il faisait payer durement à grand-mère son obstination à ne mettre au monde que des filles. Après chaque accouchement, fou furieux de se voir de nouveau privé d'héritier, il la rabrouait pour des riens. Au travail dans les champs, en présence d'autres personnes, celle-ci acceptait sans broncher ses remarques malveillantes et cherchait à minimiser la honte qu'elle éprouvait par de larges sourires. Si personne ne se trouvait dans les parages, il se réfugiait dans un long mutisme boudeur.

Dans ces temps-là, les femmes usées par les accouchements successifs auraient préféré se dérober à l'étreinte forcée de leur mari possesseur. À chaque pénétration à travers le pertuis de leur chemise, elles avaient la sensation d'une écharde qui les écorchait à vif. Réduites à la fonction d'enfantement, elles pliaient l'échine, la peur au ventre à la perspective d'une relation fertile.

Les mœurs et les mentalités, qui pesaient lourd sur la liberté des femmes dépositaires de la vie, ont mis des décennies à changer ; la religion jouait alors un grand rôle.

La roue de la vie ne tourne pas toujours comme prévu et, à quarante-huit ans, grand-mère eut des nausées qui se transformèrent vite en vomissements prolongés. Elle s'efforça de se persuader que ces misères n'étaient que passagères, mais elle dut en admettre les conséquences inattendues : elle était à nouveau enceinte ! Craignant la malédiction de son mari, elle n'osa les lui avouer et, devant ses filles, elle en avait honte. Elle supporta son destin en silence en attendant l'opportunité de dévoiler son secret.

Fin février, l'aube commençait déjà à se lever lorsqu'un messager venant de Vilsberg cogna fortement contre le volet. Grand-père se leva, passa en vitesse son pantalon et sa blouse bleue de paysan dans l'intention d'assister à un vêlage chez un voisin. Lorsqu'il ouvrit la porte, il découvrit le gnome Lucien, les oreilles en éventails raidies par le froid, grelottant au même rythme que sa denture, bégayant maladroitement :

– La... la... enfin, comment vous dire...

Il tourna et retourna son béret dans ses mains gourdes.

– Eh bien, voilà, la femme de l'Alfred, elle est morte, mais le bébé aussi est mort, et pensez donc, c'était même un garçon ! Pour une fille – dit-il en faisant la moue – mais pour un héritier, quelle catastrophe !

Grand-père, stupéfait par cette nouvelle, alla prévenir grand-mère, les larmes aux yeux.

– Mon Dieu, quelle mauvaise nouvelle ! À peine marié, et le voilà déjà veuf ! Il aurait mieux fait de se marier avec notre Marie-Anne ! Elle l'aimait tant, la pauvre petite a tellement souffert et nous aussi, on aurait vu ce mariage d'un très bon œil.

Tandis que grand-mère proposa au messager transi de froid un bon bol de lait réchauffé sur les braises de l'âtre, grand-père se réfugia à l'étable : il avait besoin d'être seul. Assis sur un tabouret, la tête enfoncée dans les mains, les coudes sur les genoux, il ressassait sans cesse sa rancœur :

– Au fond, pourquoi aller à l'enterrement ? Il n'a pas voulu de ma fille, c'est bien fait pour lui !

Aller ou ne pas aller à l'enterrement ? Après maintes et maintes réflexions il convint : « Veuf ou pas veuf, tope la main. » C'était tout de même un gendre idéal : une grande ferme, beaucoup de terres, travailleur, sobre... Que fallait-il de plus ?

Grand-mère le cherchait partout ; elle le trouva enfin :

– Pourquoi tu te caches ?

Jamais elle n'aurait pensé qu'il éprouvait autant de peine.

– Lucien veut repartir ; il aimerait savoir combien de couverts seront nécessaires pour le repas funéraire ; il attend ta réponse.

Brusquement Kaspar se leva, courut à la cuisine et annonça à Lucien la présence de toute la famille à l'enterrement. Grand-mère manqua de tomber à la renverse, mais, bien vite, elle comprit toute la signification de sa décision. Elle se demanda si ce n'était pas le moment de lui annoncer un autre malheur. Que faire ? Mon Dieu,

comment lui apprendre une septième naissance ? Elle craignait les foudres de son mari, qui ne lui avait jamais pardonné les six filles. Le cœur battant, elle commença :

– Tu sais, Georges, c'est une bonne idée d'y aller en famille, vu que...

– Que quoi ? s'écria-t-il.

– Eh bien voilà, ça bouge dans mon ventre, mais ne te mets pas en colère, c'est peut-être un garçon.

– Quoi ? Un garçon ! Tu ne vas quand même pas me dire qu'après six pisseuses, tu es capable de me donner un héritier ?

La parole lui manqua. Furieux, il claqua la porte et sortit. Le lendemain, pendant l'enterrement, Kaspar parvint à se fabriquer une mine de circonstance, mais ses pensées étaient ailleurs. La vie réserve parfois bien des surprises.

Le pèlerinage annuel du Kaspar

Tous les ans, quand la nature renaissait, au début du mois d'avril, le Kaspar et sa famille se rendaient en pèlerinage à Notre-Dame-de-Bonne-Fontaine, près de Phalsbourg. Cette promenade demandait de préparer soigneusement l'attelage. La veille, les filles astiquaient les grelots en cuivre à les faire briller comme des sous neufs, puis frottaient avec de la cendre de bois le mors pour le faire rutiler. Quant à la calèche aux roues de bois, elle sentait si bon la cire ! À l'aube du grand jour, grand-père tressait la queue du cheval, lissait sa crinière et le poil de sa croupe, décrottait et cirait ses sabots. Puis, satisfait, il grimpait sur le siège du cocher, avec grand-mère à ses côtés, tandis que sa progéniture s'installait à l'arrière de la calèche. Avant de partir, il mettait un point d'honneur à faire le tour du village. Tel un grand seigneur, il croisait ses concitoyens et chacun faisait alors la remarque : « Eh ben, m'est avis qu'il va faire beau aujourd'hui ! Kaspar est de sortie. »

En chemin, il ne manquait jamais de faire un crochet par Vilsberg, le village natal de grand-mère. Il ne s'arrêtait sur le parvis de l'église que lorsque la messe était déjà commencée. Naturellement, ce retard était volontaire ! Lorsqu'ils pénétraient dans l'église, endimanchés, s'avançant majestueusement vers le transept par la nef centrale, les regards se braquaient sur eux. Après la messe, le *Ite* prononcé, ils faisaient l'objet de toutes les attentions sur le parvis. Grand-mère, émue, serrait les mains de ses camarades d'enfance et de ses amis retrouvés. Grand-père s'enorgueillissait de cette estime générale et faisait l'important tout en tripotant son chapeau claque. Même le curé ne manquait pas de venir les saluer, encore vêtu de sa chasuble, surtout après avoir constaté la présence d'une pièce d'or dans sa corbeille. Quant aux filles, elles minaudaient au milieu d'un attroupement de garçons.

Arrivé à Phalsbourg, grand-père se montrait généreux en offrant un repas dans l'auberge située en face de la statue du maréchal Mouton. Ensuite, il laissait au garçon d'écurie le soin de s'occuper de son cheval. Le ventre plein, mais pleine de dévotion, toute la famille partait à travers champs, égrenant le chapelet. Dans la chapelle Notre-Dame, et pendant la procession, tous chantaient des cantiques à pleins poumons. Ensuite, ils remplissaient leurs gourdes d'eau pure qui coulait de la source. Avant de repartir, grand-père achetait régulièrement, au petit stand de souvenirs, un très beau chapelet aux grains de bois finement travaillés. Il l'offrait chaque année à une autre de ses filles dont le regard fondait de reconnaissance. Puis il promettait à sa famille de refaire ce pèlerinage l'année suivante, si sa santé le lui permettait.

Ce voyage était l'unique sortie que se permettait Kaspar ; il constituait pour sa famille un événement inoubliable.

Grand-mère Françoise, la courageuse

Ma grand-mère se prénommait Françoise, mais tout le monde l'appelait « Frentzel ». C'était une personne hors du commun, une femme extraordinaire. Elle n'était pas seulement belle, elle avait aussi le don de plaire. Toujours à l'écoute des autres, elle était aimée et respectée de tous. C'est un peu comme si elle avait reçu, dès le berceau, la Connaissance de la Vie. Elle ne semblait jamais rien ignorer ni des plantes, ni des animaux, et les paysannes venaient la consulter au moindre ennui. Ses avis étaient très appréciés. Elle aidait les autres d'une façon désintéressée et discrète.

Kaspar avait un caractère autoritaire et colérique. En épouse réservée et obéissante, elle savait parfaitement mener son mari aux fins qu'elle désirait. Vivre auprès de Kaspar après chaque accouchement d'une fille n'était pas une mince affaire. La naissance d'un héritier après de nombreuses années d'attente rendit la vie conjugale plus harmonieuse. Après cinq années de ce bonheur, Kaspar mourut d'un infarctus. Frentzel ne s'en remit que difficilement. Son désarroi n'avait d'égal que son chagrin. Comme le tronc ébranché du vieux chêne derrière la maison, elle restait debout. Son fils Georges, qui s'était tant fait désirer, arrivait par ses câlins à la consoler.

Et, bien des années plus tard, allait survenir la partie la plus dure de sa vie. Une luxation de la hanche qui ne guérissait pas l'empêcha de continuer les travaux des champs. Elle en souffrait tant qu'elle ne pouvait guère quitter son lit. Couchée dans une chambre non chauffée en hiver, aux fenêtres givrées, elle se réchauffait avec deux briques chaudes, enveloppées de papier journal. Sa fille Joséphine, qui ne l'avait pas quittée, les lui changeait matin et soir pour l'empêcher de grelotter; elle en profitait pour lui faire une toilette sommaire. Jamais Frentzel ne se plaignait lorsque sa fille, débordée de travail, lui apportait en retard un repas déjà froid. Au contraire, elle la remerciait chaleureusement de lui porter tant d'attention, et la recommandait tout particulièrement à Dieu dans ses prières.

Chaque dimanche, après la messe, papa, accompagné de ses enfants, se faisait un devoir et un plaisir d'aller la voir. Assise sur son lit, elle me caressait les cheveux, tout en me racontant les histoires de sa jeunesse. C'était une conteuse accomplie et je buvais chacune de ses paroles. J'admirais son esprit d'observation et sa prodigieuse mémoire, mais c'est elle qui nous posait des questions sur nos travaux des champs, de la ferme et sur la vie des villageois.

Ne plus être « utile » la gênait beaucoup. Résignée, elle acceptait son sort, mais projetait ses rêves sur ses petits-enfants. De temps en temps, elle sortait de dessous l'oreiller une fiole pour boire une petite gorgée d'eau-de-vie, qu'elle appelait « Souzi-Fatzi » (Souci va-t-en). Lors de notre dernière visite, elle me murmura :

– Bientôt tu seras ma relève, Du ciel, je veillerai sur toi. Tu pourras réaliser tes rêves, si tu t'y emploies.

Aujourd'hui, je sais qu'elle avait raison et qu'elle m'a montré le chemin du bonheur.

L'enterrement de grand-mère

Un matin, alors que j'allais à la messe, je rencontrai papa qui revenait de chez sa mère. Les larmes aux yeux, il m'annonça :

– Cette nuit, la mort est venue faucher grand-mère.

Une gravure avait, un jour, retenu mon attention : la mort y était représentée sous la forme d'un grand squelette appuyé sur une faux. À l'arrière-plan, des diables affreusement cornus, affublés de longues queues, poussaient en ricanant le damné dans les flammes à coups de fourche. J'éprouvais un sentiment bizarre et je ne voyais pas en quoi cela pouvait concerner ma grand-mère bien vivante. J'avais hâte de chasser de ma tête cette représentation odieuse. Quand je revins de l'école, à midi, maman s'apprêtait à partir à bicyclette. Elle m'annonça qu'elle allait m'acheter un tablier et que papa serait absent.

Le lendemain, jeudi, jour de congé, nous nous rendîmes à l'enterrement, endimanchés et endeuillés. Papa portait un large ruban de crêpe noir autour de son bras, maman le suivait, le visage voilé, un châle noir sur les épaules ; je marchais à leurs côtés, vêtue de mon beau tablier noir. Pour nous rendre à la maison mortuaire, il nous fallait traverser tout le village. En chemin, je croisai mes copines qui rentraient du bois pour l'hiver. Pour moi, c'était dimanche, donc j'étais exemptée de cette corvée ! Je me pavanais comme un paon, en leur montrant au passage mon tablier flambant neuf. Eh oui, c'était un tablier acheté en confection, comme elles n'en avaient jamais porté ! Comme moi, elles étaient habituées à un tablier fabriqué à la hâte par nos mamans.

Lorsque nous fûmes arrivés à la maison de la défunte, j'aperçus au beau milieu de la route, entourée de croque-morts, une longue caisse posée sur quatre chaises. On attendait l'arrivée du curé.

Je ne pouvais m'imaginer que grand-mère reposait dans ce cercueil enjolivé d'une belle plaque par le menuisier. Sur cette tôle en aluminium, on avait représenté L'Adieu sous la forme d'une main robuste en serrant une autre si fine, aux doigts allongés, aux ongles soignés, à l'avant-bras agrémenté d'une corolle de dentelle. Cette main de fée me fascinait. Elle tranchait tellement avec ces mains crevassées aux ongles abîmés auxquelles j'étais habituée. À l'église, pendant la cérémonie, j'eus continuellement les yeux rivés sur cette petite merveille qui aurait bien embelli ma chambre à coucher. Je savais que cette caisse allait être enterrée et me demandais comment faire pour récupérer l'objet de mon désir. À mes yeux, c'était un véritable sacrilège de l'enfouir sous la terre. À la sortie de l'église, le glas rythmait le sourd piétinement du cortège. Au fur et à mesure que l'on s'approchait du trou béant où irait s'engloutir le précieux bijou, je m'agitai de plus belle, telle une feuille secouée par le vent. Désemparée, je lâchai la main de mon père pour effleurer la plaque. Puis je penchai ma tête et m'accrochai au cercueil en pleurant :

– Non ! Laissez-la-moi ! Ne l'enterrez pas !

Mon père dut user de toutes ses forces pour me retenir. Ses bras se refermèrent sur moi, il me serra très fort contre lui ; j'étais submergée par les sanglots. De mémoire d'homme, on n'avait encore assisté à une scène aussi bouleversante. Jamais une petite-fille n'avait manifesté une telle affection à sa grand-mère défunte. Cela fit grand bruit dans tous les foyers et ma grand-mère fut jalousée par toutes les mamies du village.

Au retour du cimetière, la famille s'attabla pour le repas funéraire. Entourée de mes cousins et cousines, j'eus vite oublié la plaque. La coutume voulait qu'un jour de deuil, on n'oublie pas les vieux, les malades et les alités. À mon cousin et à moi incombait la tâche de leur distribuer, après le repas, deux louches de bouillon et un morceau de viande qu'ils attendaient avec impatience. À peine le potage avait-il été versé dans un bol préparé qu'ils touchaient de leurs mains le récipient et engloutissaient ce repas tombé du ciel. La distribution dura toute l'après-midi et, quand je croisai des enfants, je leur montrai à chaque fois mon beau tablier.

Le dimanche suivant, après la messe, papa m'attendait :

– Viens ! Nous allons saluer grand-mère.

Le voyant s'engager dans l'allée qui menait au cimetière, je me rebiffai, je pris mes jambes à mon cou et filai comme une flèche chez tante Joséphine. Haletante, je grimpai l'escalier et ouvris la porte de la chambre à coucher de grand-mère. À la vue du lit maintenant vide, je compris. L'image de cette belle femme sans âge, aux splendides cheveux d'un noir d'ébène striés de fils d'argent, aux joues roses maquillées par la nature, au sourire angélique, à la chaleureuse tendresse maternelle m'apparut une dernière fois. J'enfonçai mon museau mouillé au creux de son oreiller vide avant de refermer avec beaucoup de regret la porte de sa chambre devenue pour moi un lieu sacré.

Tante Marie-Anne, la bonté personnifiée

Marie-Anne, l'aînée au destin singulier, était la plus attentionnée des six filles. Dans ses grands yeux en amande se lisait un océan de bonté et de générosité. Des bouclettes de cheveux d'un noir profond entouraient un visage d'une douceur infinie. Tout le village l'adorait pour son humeur joviale. D'une vitalité rare et débordante d'énergie, elle était le bras droit de sa mère à tout instant. Dès son enfance, sa destinée l'avait conduite à assister sa mère pour élever ses sœurs. Leur bien-être était sa raison de vivre. Elle savait comme personne apaiser les querelles qui bouillonnaient souvent entre les filles.

Tous les jeudis, tirant une petite charrette pleine de linge, elle allait le laver au bord du ruisseau, distant d'un bon kilomètre. En hiver, il lui fallait souvent casser la glace du ruisseau avant de commencer son travail. L'été, pendant que séchait le linge étendu sur le pré, elle pouvait faire la chasse aux grenouilles qui grouillaient dans ces marécages.

Le soir, la lavandière revenait avec son linge blanchi au soleil, au bon parfum d'herbe, fière de régaler ses sœurs d'un plat de cuisses de grenouilles.

Un jour, alors qu'elle était partie pour aider ses grands-parents malades à Vilsberg, elle fit la connaissance d'Alfred. Très vite, elle s'en éprit, mais la mère de ce jeune paysan, insensible aux charmes de cette perle rare, veillait. Elle avait pour son fils des projets plus ambitieux ; une autre fille, qui lui convenait mieux, lui était destinée. Marie-Anne lui conseilla de s'incliner devant la décision de sa mère. Alfred épousa cette fille, qui mourut peu après. Ma tante éprouva une compassion sincère pour le jeune veuf.

Marie-Anne fut très étonnée que sa famille ait été invitée à l'enterrement. Grand-mère lui suggéra de les accompagner, pour montrer à la mère d'Alfred qu'elle ne lui tenait pas rigueur. Le lendemain, ils y allèrent tous en calèche.

Après les obsèques, au repas dans la maison du veuf, Marie-Anne n'osa pas refuser la place qui avait été réservée en face de lui, alors qu'elle aurait bien préféré s'installer à l'écart. Les proches de l'épouse décédée lui jetaient des regards sans équivoque. La pauvre fille avait une envie folle de fuir.

Au retour, grand-père dit à sa femme de prendre place à l'arrière et à Marie-Anne de s'installer à côté de lui. Un silence pesant s'installa entre eux, puis il posa sa main sur le bras de sa fille et lui annonça que sa mère était enceinte.

Abasourdie, elle se tourne vers sa mère qui acquiesça, le visage pourpre, tandis que ses sœurs ne cachaient pas leur surprise.

Peu de temps après, une lettre arriva, annonçant la visite de l'oncle Peter, son parrain de Forêt-Noire. Il répondait en fait à une lettre de ma tante Eugénie, la sœur de Marie-Anne, écrite à l'insu de la famille.

Professeur dans le Bade-Wurtemberg, il était marié et, hélas, sans enfants. Eugénie lui avait demandé de l'adopter. Bien que parrain de Marie-Anne, il avait toujours montré une préférence marquée pour Eugénie, la « mondaine ». Cette dernière étalait sa joie sans vergogne et se voyait déjà en princesse citadine, elle regardait dédaigneusement ses sœurs et, s'adressant à Marie-Anne, lui asséna :

– C'est bien normal que ton parrain m'ait choisie, tu t'ennuierais à la ville, tu aimes tant travailler !

Marie-Anne, décontenancée, ne savait que faire. Elle se sentit trahie, avait envie de fuir, de tout quitter, mais n'osait abandonner sa mère enceinte.

Grand-mère, qui comprenait son désarroi, lui conseilla de repartir chez ses grands-parents, sa sœur Françoise pouvait bien aussi la remplacer. Un peu inquiète pour sa maman, Marie-Anne partit toutefois avant que son parrain n'arrive.

L'irruption de Marie-Anne à Vilsberg alimenta toutes les conversations. Personne ne connaissait les raisons réelles de son arrivée. Pour tout le monde, elle était venue pour Alfred, cela ne faisait pas de doute. Les villageois chuchotaient :

– Elle n'a pas perdu de temps. Et dire que l'ombre de la défunte plane encore sur la maison !

Marie-Anne les désarmait toujours par un large sourire, mais ne craignait pas moins de sortir, même pour aller aux champs.

Finalement, Alfred et elle convinrent que le meilleur moyen de mettre fin à ces potins, était... de se marier ! Leur amour était intact, pourquoi attendre ?

En ce temps-là, un remariage n'était pas facile, il fallait se soumettre aux coutumes. Aucun couple n'y échappait. Dès la publication des bans, les jeunes passaient dans le village, munis de bidons et de casseroles, faire un bruit d'enfer depuis la tombée de chaque nuit jusqu'au matin des noces. Ce tintamarre était destiné à éloigner le fantôme de la précédente union.

Un remariage avait lieu sans faste, tôt le matin, avant la messe de 7 heures. Marie-Anne n'en avait cure, mais son père se désolait d'être privé d'un vrai mariage. Il se voyait humilié de marier sa fille sans apparat, mais le destin est ainsi fait, et la vie se moque parfois des espoirs des papas.

Depuis quelque temps, grand-mère craignait que son accouchement ne coïncide avec le jour du mariage. Son inquiétude s'avéra fondée : il eut lieu exactement pendant que sa fille se mariait à l'église. Les idées de grand-père s'entremêlaient pendant la messe. Il pensait davantage à sa femme qu'à sa fille. Anxieux, il se hâta de rentrer. Haletant, il ouvrit la porte de la maison et découvrit une maman radieuse portant dans ses bras un poupon encore tout rougeaud. Il l'interrogea du regard. Le mot « garçon » restait coincé dans sa gorge...

Sa femme acquiesça avec un large sourire. Des larmes de bonheur roulaient sur les joues du papa comblé. Son rêve s'était enfin réalisé. Il se reprochait d'avoir été si dur envers sa femme, il serait dorénavant le plus attentionné des maris. Autrefois, on reprochait aux épouses de ne mettre au monde que des filles. (On ne savait pas que c'est le père qui détermine le sexe de l'enfant.) Mais peut-on imaginer aujourd'hui ce que représentait autrefois un héritier ?

Tante Eugénie, la grande dame

Eugénie était la cadette des filles. Des cheveux d'ébène, des yeux de velours, un physique flatteur, une démarche altière. Toujours élégante, elle n'avait rien d'une paysanne. Il ne lui manquait qu'un titre de noblesse pour faire illusion. Souvent, son père, agacé, devait la ramener à la dure réalité par une mornifle quand il la surprenait à se mirer dans la glace. Rusée, elle savait éviter les travaux ménagers qu'elle jugeait dégradants. Afin d'avoir la paix au sein de la famille, sa mère les exécutait à sa place.

Un été, le frère de l'instituteur avait passé ses vacances au village. D'aspect racé, ce citadin au col blanc, portant monocle et barbe épointée, fascinait ma tante. Il représentait à ses yeux finesse et capacités intellectuelles, des qualités qui faisaient défaut aux jeunes paysans qu'elle côtoyait quotidiennement. Ainsi, elle s'enticha rapidement de ce bellâtre qui, souvent, venait s'asseoir auprès des filles dans le verger à l'ombre d'un grand pommier. Là, avec son accent guttural typique de la langue allemande, il les captivait avec des récits de Goethe ou des poèmes de Schiller. Eugénie, perdue dans ses doux rêves, se voyait déjà dans ses bras.

S'apercevant du trouble qu'il causait à la jeune fille, ce littéraire lui fit comprendre que Dieu ne l'avait pas mis sur terre pour se marier avec une femme et qu'il était inutile d'espérer. Ma tante en déduisit qu'il se vouait à la prêtrise. Voyant qu'elle avait mal compris, le jeune homme lui appris qu'il était homosexuel. Choquée et déçue par ces révélations qu'elle avait du mal à accepter, Eugénie décida de quitter le village. Elle écrivit à son oncle Peter la fameuse lettre lui expliquant la raison de son désarroi et lui demanda de venir la chercher, voire de l'adopter, ce qu'il fit.

À son départ, le village avait perdu la plus belle fleur de son jardin. Beaucoup d'admirateurs la regrettèrent, mais les prétendants n'auraient su que faire d'une telle poupée.

Devenue citadine, chouchoutée par sa tante, elle prenait des leçons de savoir-vivre auprès de sa nouvelle famille. Cours de danse et de maintien allaient lui permettre de fréquenter la haute société de la Forêt-Noire. La première soirée fut en accord avec ses rêves de princesse. Le carnet de bal bien rempli, elle joua les coquettes en rayant, à cette occasion, le nom d'un maladroit qui lui avait marché sur les pieds au cours d'une valse. Le lendemain, ce cavalier un peu gauche se présenta à nouveau à ma tante. Bouquet de fleurs dans une main, canne dont le pommeau d'or ciselé représentait la tête de saint Joseph, patron des menuisiers, dans l'autre. La suite fut un beau roman d'amour. Ce fils unique d'un riche fabricant de meubles allait ainsi devenir mon oncle Georg.

Après la guerre de 1914-1918, les deux époux s'installèrent à Strasbourg. L'ébéniste créa des meubles Chippendale. Leur usine fonctionnait à plein rendement et la renommée de leur commerce florissant rayonnait jusqu'au Palatinat.

Ma tante, devenue une grande dame, avait oublié ses origines paysannes, ce qui ne l'empêchait de venir nous rendre visite en Mercedes pour chercher, tous les ans, deux gros jambons fumés comme prix de fermage de ses terres. Elle regrettait de ne pouvoir nous inviter pour nous faire admirer sa villa cossue, car nos souliers cloutés auraient abîmé son parquet ciré et ses magnifiques tapis persans. De toute façon, un paysan « n'aurait pas su apprécier ses tableaux de maître ». Et, au fond, elle avait raison.

Françoise la fière et Charles le débonnaire

La troisième des filles, affectueusement appelée « Ziska », diminutif de Franziska (Françoise en français), était une femme plantureuse à la poitrine généreuse. Elle avait le teint avenant et de beaux cheveux qu'elle portait en torsade sur la nuque. Tous les jeunes paysans du village et des environs lorgnaient cette belle noiraude. Ziska, à ses moments perdus, maniait le fuseau avec une habileté étonnante. Sans le moindre effort, elle obtenait de magnifiques résultats. Elle habillait avec bonheur les autels de l'église avec des nappes de frivolité. Lors d'une confirmation, l'évêque, Mgr Jean-Baptiste Pelt, émerveillé par la splendeur de ces ornements, félicita le curé. Celui-ci lui présenta la fée aux mains d'or. Le haut dignitaire récompensa alors la rosière en lui offrant une cithare, instrument très en vogue dans notre région à cette époque. Musicienne dans l'âme depuis sa plus tendre enfance, Ziska vit alors son vœu le plus cher se réaliser.

En hiver, la belle grattait la cithare, tandis que les jeunes, accroupis en cercle devant la cheminée, jouissaient du bonheur de chanter en chœur des Lieder de Schubert. Les veillées étaient leur seul passe-temps, la radio et la télévision n'existant pas. Sous l'œil bienveillant des parents, les garçons se réunissaient autour des filles. Quand, à la pendule, le coucou annonçait 22 heures, le père se levait et, d'une voix ferme, annonçait :

– Avis aux coqs, il est temps de rentrer, car les poules ont envie de rejoindre le poulailler.

Il faut reconnaître que la rigueur d'autrefois n'a rien à voir avec les mœurs modernes. La mère, pleine de compassion, intercédait en leur faveur, suppliant son mari de les laisser terminer le chant. Après maints conciliabules, elle arrivait à lui faire comprendre qu'il n'était pas convenable d'interrompre une chanson ; elle permettait ainsi aux jeunes gens de rester un peu plus longtemps.

Au mariage de sa sœur Eugénie, célébré en grande pompe au village à la demande de ses parents, Ziska fut très déçue. Son cavalier, un camarade de régiment du marié, ne lui convenait pas. Cet Alsacien, plus petit qu'elle, au front dégarni et au visage embarrassé d'épais favoris, n'avait, hélas, rien d'attirant. Son pantalon trop serré, coupé par une jaquette à longs pans, frôlant le sol, le rapetissait encore plus. Au moment du dessert, le cavalier rejeté, en vérité un gai luron, fut bientôt le pôle d'attraction de toute la noce. Son humour caustique, typiquement alsacien, lui servit à se moquer de lui-même. Il se déchaussa, grimpa sur la table et montra ses trois paires de chaussettes superposées qui l'empêchaient de flotter dans ses bottines. Il enleva alors son faux col dûment cravaté et, soulagé, émit un large sourire. Ce merveilleux clown avait de réels talents de mime. Ses dons d'imitateur de la volaille de basse-cour faisaient hurler de rire les convives. Sauf Ziska. Toutefois, lorsqu'il entonna l'*Ave Maria* de Gounod avec sa voix de baryton, il émut l'assistance et, surtout, sa cavalière. Puis il se jeta à ses genoux, lui prit la main et la posa sur son cœur. Bouleversé, les yeux embués par l'amour, il chanta à sa dulcinée le merveilleux Lied de la poétesse Julia von Haussman : « So nimm doch meine Hände, und führe mich durch mein ganzes Leben, bis in die ewige Glückseligkeit. » (Prends ma main et conduis-moi à travers toute ma vie jusqu'au bonheur éternel.) Cette traduction ne reflète malheureusement pas la puissance des sentiments qui le parcouraient.

Cet épicier débonnaire est devenu, peu de temps après, mon oncle Charles. Joyeux drille, d'humeur plutôt folâtre, friand de bonne chère, il savait apprécier le blanc d'Alsace de sa vigne. Il nous ramenait quelques bouteilles capsulées à chaque visite. Une fête patronale sans Charles, c'était impensable. Ce n'était pas seulement sa famille, mais tous les villageois qui l'attendaient comme le soleil au printemps. Il savait dérider la mine la plus renfrognée et réchauffer le cœur le plus meurtri.

À la fin des repas, les yeux un peu vitreux, il levait son verre et laissait fuser une locution en vieil allemand, dont voici la traduction littérale :

– Une fois, Bacchus, protecteur de nos vignobles, « béni » dans la jambe de maman, la cigogne, neuf mois après, mordit.

C'était bien trop subtil pour une fille de mon âge. Malgré ma sagacité, je n'arrivais pas à comprendre cette énigme que tout le monde savait interpréter avec adresse.

Alsacien de cœur et de souche, tonton Charles, pour nous taquiner, se vantait toujours de la suprématie des Alsaciens et blâmait l'infériorité des Lorrains. Mon père, piqué par les frelons de cette vantardise, avait une envie folle de lui donner une bonne leçon pour rétablir l'égalité. Un jour, ce « courageux », comme seul un Alsacien peut l'être, nous raconta qu'il avait capturé et étranglé de ses mains nues un rat plus gros qu'un lapin. Cette bonne plaisanterie fit des étincelles dans la cervelle de papa et l'étoile de son « mauvais » génie se mit à clignoter sans arrêt.

Le soir même, à peine couché, Charles, heureux comme un prince et légèrement éméché, s'étirait de tout son long dans son lit. Soudain, affolé, il sursauta. Ah, il fallait le voir, en chemise et bonnet de nuit, dégringoler l'escalier. Apeuré, les jambes vacillantes, il bégaya :

– Un rat... Un gros rat... dans le lit... voulait me mordre les doigts de pied.

Alors, mon père s'exclama, l'air faussement étonné, la voix railleuse :

– Mon pauvre Charlie, nos rats lorrains, si petits et édentés, n'oseraient jamais s'attaquer à un Alsacien !

Il avait atteint son but. Un simple lapin empaillé, caché entre les draps, au pied de son lit, avait suffi à effrayer ce poltron et lui avait rabattu le caquet. Mais cela ne l'empêcha pas d'amuser la galerie lors des prochaines fêtes de famille.

Belle et fragile tante Christine

Tante Christine était d'une beauté déroutante. Ses jolis yeux aigue-marine, héritage de son père, soulignés de longs cils, conféraient à son visage de madone une lumière empreinte d'une douceur grave. C'était la quatrième des filles, et la plus grande. Elle avait de longues jambes et un cou de tourterelle. Ses belles nattes brunes, brossées régulièrement et tressées minutieusement, se balançaient sans cesse de l'une à l'autre de ses épaules. Tous les garçons du village et des environs étaient envoûtés par tant de grâce.

Espiègle et adroite de ses mains, elle était la fierté – et la préférée – de son père.

En automne, Christine conduisait ses bêtes au pâturage et Guscht, un brave garçon du village, faisait de même avec ses deux vaches. Depuis longtemps, il était tombé amoureux de la jeune fille et la belle le lui rendait bien. Ils durent faire preuve de la plus extrême prudence, car le père tenait ses filles d'une main ferme et veillait à ce que nul galant ne traînaille autour d'elles sans son assentiment. Vu le rang que lui conféraient son cheptel et ses terres, les jeunes savaient que les filles du Kaspar ne seraient pas les épouses du premier venu et Guscht ne figurait pas sur la liste des gendres éventuels.

Pour protéger leurs amours, les deux tourtereaux avaient recours à d'infinies précautions et rivalisaient d'astuces pour ne pas éveiller les soupçons du père. Mais, un beau jour, Anna, une des sœurs de Christine, vendit la mèche...

Un dimanche, le père convoqua le malheureux Guscht après les vêpres pour une explication. Le pauvre garçon n'était pas dupe, il savait d'avance qu'il n'avait qu'une chance infime et que cette rencontre allait le séparer à tout jamais de sa bien-aimée.

Mais son amour était suffisamment puissant pour le pousser à se rendre à cette convocation. Arrivé devant la maison de Kaspar, il poussa la porte du jardinet, sortit son canif et coupa une rose trémière pour l'offrir à Christine en entrant. Lorsqu'il fut dans le logis, la froideur de Kaspar laissa deviner l'indicible mépris qu'il éprouvait pour lui. Il le toisa de haut et le tança vertement :

– Comment, un pauvre gueux comme toi, avec les trois malheureux lopins de terre que possèdent tes parents, tu oses courtiser ma fille ?

Guscht crut un instant que la terre tremblait sous ses pieds. D'une voix bégayante, il osa cette réponse :

– Par amour.

Christine, embarrassée, triturait la rose et affronta avec beaucoup de courage les reproches de son père. La consternation se lisait sur le visage du pauvre prétendant. Dans ce moment crucial, grand-mère, pleine de mansuétude, feignait de ne pas comprendre la colère de son mari et témoignait beaucoup de bienveillance à Guscht. Malheureusement, elle ne pouvait rien pour lui. Christine devait se plier à l'autorité paternelle et accepter son sort. D'un geste rageur, le père se leva, attrapa le prétendant par l'encolure et le poussa dehors d'un coup de pied dans le derrière.

Christine, en proie à une extrême détresse, blêmit et s'agrippa à sa mère :

– Maman... Maman...

Sa mère lui caressa la tête en lui disant :

– Allons, allons, tu verras, tout finira par s'arranger.

Puis elle prit à deux mains son tablier pour lui essuyer les yeux.

Quelque temps après, grand-mère, préoccupée par la pâleur et l'expression mélancolique de sa fille, lui conseilla d'aller rendre visite à sa sœur Marie-Anne à Vilsberg pour effacer son grand chagrin. Grand-père lui lança d'un ton sec :

– L'amour est un mal qui passe avec le temps ; tu l'oublieras, et lui aussi, il t'oubliera.

Guscht avait perdu ses illusions et fini par admettre avec beaucoup d'acrimonie qu'il lui serait impossible de connaître le bonheur, vu l'opposition hargneuse de Kaspar. Il quitta à son tour le village.

Christine resta trois mois durant chez sa sœur, heureuse de pouvoir s'occuper de ses deux petits neveux. Malgré cette distraction, elle oublia de l'oublier, dissimulant sa souffrance sous une apparente dignité.

La mort subite de son père la rappela au village. Avec beaucoup de courage, elle reprit le flambeau. Comme un homme, elle s'attelait à la tâche, labourait, semait, fauchait, faisant l'admiration de tous les paysans. Toujours la première levée et la dernière au lit, elle se lançait dans le travail avec une ténacité insolite chez une aussi jeune fille.

En apprenant la nouvelle, Guscht revint à son tour au village. Mais le souvenir de son père, le respect qu'elle devait à sa mémoire empêchèrent Christine de le revoir.

L'image de Guscht s'interposa ainsi longtemps entre elle et Michel, un nouveau prétendant, mais, petit à petit, l'amour qu'elle avait voué au pauvre paysan déserta son cœur. Les sentiments de Michel pour Christine s'affirmaient de jour en jour mais il se taisait, réservé, persuadé qu'elle souffrait encore, conscient qu'il fallait laisser du temps au temps. Un beau jour grand-mère raisonna sa fille :

– Tu vas sur tes vingt-neuf ans, il est grandement temps de te marier. Michel ne veut plus attendre.

– Je le pense aussi, maman. Tu as raison. Nous allons nous marier prochainement.

Elle savait que désormais sa place serait aux côtés de Michel et qu'il avait besoin d'elle. À l'église, pendant la cérémonie religieuse, au moment où les deux enfants de chœur tendaient sur les mariés le voile de l'hyménée, Christine vit en ce voile un nuage tombé du ciel qui planait sur elle. Elle fut prise d'une profonde émotion au souvenir de son père, qui ne pouvait être à ses côtés. Mais lorsque sa sœur Joséphine, de sa voix superbe, chaude, veloutée, entonna le *Veni Creator* et que les cloches sonnèrent à toute volée, un frisson de bonheur lui parcourut tout le corps. Elle sentait la présence de son père absent et elle savait qu'il approuvait ce mariage avec un gendre idéal. Michel ne donnait pas seulement son cœur à Christine, mais aussi une ferme et beaucoup de terres. Christine mariée, Guscht trouva le bonheur avec une autre fille du village et se maria à son tour.

Dans ces temps-là, un mariage était une question d'intérêt, selon l'adage « toi la terre, moi la ferme ». Les parents ne demandaient pas leur avis aux enfants et les mariages organisés ne faisaient pas forcément leur bonheur. Pour tous ces mariages de convenance, combien de vies brisées, de femmes surtout, car elles épousaient en même temps la belle-famille.

Les belles-mères se montraient souvent d'un caractère difficile et ne cédaient pas aisément la place. La plupart du temps, la jeune femme était sous le joug de sa belle-mère et ne pouvait pas s'en défaire. Combien de ces pauvres filles ont dû se résigner à obéir et accepter sans broncher pour ne pas attiser le feu ?

Les beaux-pères commençaient à grommeler si, après un an de mariage, le ventre de la jeune femme restait creux. La naissance d'un bébé leur mettait du baume au cœur et la jeune mère connaissait un regain d'estime. Si, par comble de chance, Cybèle, la déesse de la fécondité, de sa baguette magique, faisait apparaître le « petit robinet », c'était la gloire et la belle-fille était encensée pour avoir fourni un héritier.

Les maris, pris entre leurs femmes et leurs parents, n'osaient pas s'aventurer dans ces querelles familiales qui, de nos jours, se termineraient par un divorce, impensable dans ces temps-là.

Avec Michel, Christine avait trouvé le bonheur, mais il fut de courte durée. Elle resta belle, le corps à peine modifié par la maternité. Mais, au printemps, minée par la maladie qu'elle couvait, elle commença à flotter dans ses vêtements et maigrit à vue d'œil. Elle avait quarante et un ans lorsque l'ange de la mort déploya ses ailes pour l'emmener au Paradis en laissant dans la douleur son mari, trois beaux enfants, sa mère et toute sa famille.

Le lendemain de l'enterrement, bien avant l'aube, un bruit de pas d'homme réveilla grand-mère. Elle se leva en hâte pour apercevoir, à travers les jalousies du volet, Guscht en partance pour les champs. Subitement, il s'arrêta, planta sa fourche qu'il portait sur son épaule dans le tas de fumier, passa la petite porte du jardinet et déroba subrepticement une rose. D'un pas alourdi par la peine, il se dirigea vers le cimetière. Grand-mère jeta un châle sur ses épaules et le suivit discrètement. Il donna un long baiser à cette rose qu'il avait cueillie avant de la déposer sur la tombe de Christine comme une prière. Ce geste le rattachait indissolublement au souvenir douloureux de son amour perdu, toujours présent dans sa mémoire. Des larmes perlaient dans les yeux de grand-mère. Comme il avait dû l'aimer !

La nuit de noces de tante Anna

Anna était ma marraine, mais aussi ma tante préférée. Il y avait en elle un grand fond de bonté. Elle prenait soin de ne froisser personne ; au contraire, elle savait compatir aux malheurs d'autrui. La girouette de son bon sens était toujours bien orientée et, avec beaucoup d'ingéniosité, elle savait éloigner les pommes de discorde dans la famille.

Elle était la cinquième fille de mes grands-parents, tout le portrait de sa mère, mais avec le caractère bouillant de son père. Devenue une belle jeune fille, elle ne refusa pas les avances d'un jeune villageois, Eugène, un jeune homme aux reins solides, sobre, travailleur acharné, doué pour la menuiserie et pour le paysannat. Il était d'un naturel paisible, tout l'opposé d'Anna. Grand-mère voyait cette union d'un très bon œil. N'était-il pas le mari idéal, rêvé pour sa fille ?

Mon oncle ne pouvait s'empêcher de nous relater maintes fois leur nuit de noces, hors du commun. Dans ces temps-là, les noces étaient célébrées le mardi. Les jeunes mariés n'avaient pas le droit au lit nuptial le soir même. Les ripailles et l'alcool auraient pu être néfastes à la conception d'un enfant normal. De par cet interdit, la jeune épouse dormait avec sa mère, le père sur le canapé et le marié chez lui. Par ce stratagème, on évitait tout problème.

La nuit suivante, Anna, heureuse comme une reine, attendait son mari dans le beau lit conjugal en bois de chêne sculpté, fabriqué par Eugène en son honneur. Toiletté minutieusement de la tête aux pieds, le jeune marié vint se glisser avec délice aux côtés de son épouse. Bien sûr, comme beaucoup de couples, ils auraient eu l'occasion de moissonner avant l'heure. C'était même un vrai supplice pour lui de refouler ses sens, mais le respect envers sa promise l'emportait toujours. Aimant Anna plus que lui-même, il ne se serait pas permis de la « déshonorer » avant le mariage. Avec une grande fierté, le jour du mariage, il avait accompagné à l'autel sa fiancée parée de virginité. « Enfin le moment tellement attendu avait fini par arriver. » Pensait-il !

À peine était-il couché qu'il entendit trois coups de balai au plafond. Il ne pensait pas sa sœur, souffrant d'un léger handicap mental, aussi taquine. Deux minutes plus tard, voilà que le jeu recommença. Le couple continua à faire la sourde oreille. Finalement, on cogna fortement contre la porte de la chambre à coucher. « La jument ! » comprit Eugène. Avant d'aller se coucher, il avait bien jeté un coup d'œil à l'animal et remarqué sa nervosité, mais elle ne paraissait pas devoir pouliner rapidement. Vraiment, elle avait choisi le bon moment !

Eugène avait déjà pratiqué de nombreux vêlages, mais n'avait jamais encore aidé une jument. Il n'osait affronter l'accouchement primipare de la jument percheronne de quatre ans. Prudent, il réveilla le grand Littner, plus expert que lui, qui, avec ses longs bras, remplaçait souvent le vétérinaire que les paysans n'appelaient que dans les cas extrêmes. À moitié endormi, ce dernier arriva et tenta l'extraction. Il ne parvint qu'à gagner une quinzaine de centimètres. Se rendant compte de la présence d'un obstacle, il n'insista pas. La jument, très nerveuse, continuait à pousser fortement sans succès et cela devenait inquiétant. En homme avisé, Littner ne vit qu'une solution : le vétérinaire. Anna se leva, s'habilla et alla jeter à son tour un coup d'œil à l'écurie. À la vue de ce spectacle douloureux, elle préféra retourner dans son lit magnifiquement drapé et garni d'oreillers brodés et festonnés par elle durant des nuits entières. En proie à l'angoisse, Anna égrenait son chapelet dans l'espoir de sauver le poulain et sa mère.

Le père conseilla à son fils d'aller quérir le vétérinaire de Drulingen, village distant de huit kilomètres. Eugène n'avait plus d'autre solution que d'enfourcher la bicyclette. Arrivé dans le hangar, il se rappela que les préparatifs de son mariage lui avaient fait oublier la réparation du pneu arrière. Littner lui proposa alors de prendre la bicyclette de son épouse ; comme il faisait nuit, il emporta une lampe. Après deux kilomètres expédiés à une vitesse éclair, Eugène s'aperçut que la plaque d'immatriculation était restée dans la veste de son bleu de travail. La gendarmerie se trouvait juste à côté de la maison du vétérinaire, il décida donc de rebrousser chemin pour la chercher et repartit en pédalant comme un fou : ça urgeait à l'écurie.

Après avoir traversé la forêt, il entendit au loin le grondement du tonnerre. Bientôt, les éclairs illuminèrent le ciel, la foudre frappa. Conscient du danger, il jeta la bicyclette dans le fossé, prit ses jambes à son cou et fila s'abriter sous un grand pommier. Une seconde après, la foudre frappa le guidon et le tordit. La bicyclette étant inutilisable, il ne lui restait rien d'autre qu'à effectuer le reste du chemin à pied.

Peu après, la pluie recommença à tomber. Tel un coq mouillé, trempé jusqu'aux os, Eugène arriva devant la porte du vétérinaire. Après plusieurs coups répétés, une femme apparut enfin au vasistas de la porte d'entrée. Les yeux entrouverts, la bouche déformée par un bâillement, elle s'informa :

– Vous désirez ?

– C'est pour une jument qui va pouliner ; ça se présente mal...

– Mon mari est absent ; il est parti pour un vêlage, je ne peux vous dire dans quel village ; il ne devrait pas tarder.

Et elle referma le vasistas.

Abrité par l'auvent, Eugène s'assit sur une marche d'escalier. Ses pieds le faisaient souffrir cruellement. Lorsqu'il retira ses chaussures, il s'aperçut que, dans sa précipitation, il avait emprunté celles de son père, inférieures d'une pointure à la sienne. La pluie s'arrêta enfin ; autour de lui, c'était le silence total, interrompu soudain par l'horloge de l'église sonnant 3 heures du matin. La mort dans l'âme, il pensa à sa femme qui languissait, à son père qui s'inquiétait, à Littner qui passait une nuit blanche, à la jument qui souffrait, qui peut-être même était en train de crever, mais, surtout, au vétérinaire qui tardait à venir. « Bon sang, qu'est-ce que j'ai fait au bon Dieu pour qu'il me mette dans un pétrin pareil ! »

Au bout d'une demi-heure d'attente, il aperçut au loin les phares la vieille guimbarde du vétérinaire. Fatigué de sa journée, ce dernier lui fit comprendre qu'après trois vêlages d'affilée, il ne pouvait satisfaire sa demande dans l'immédiat. Il avait un besoin urgent d'une petite collation et d'un café fort. Eugène accepta sans rechigner. La chienne du vétérinaire, un setter irlandais, vint s'aplatir à ses côtés, la truffe entre les pattes. En attendant le bon vouloir du docteur, il ne lui restait plus qu'à caresser son poil long, doux et onduleux.

Quelle image rocambolesque que celle de ce jeune marié, mouillé comme une serpillière, en train de caresser une chienne à 4 heures du matin en pleine nuit de noces !

Peu après, le docteur le prit comme passager dans sa voiture. Par peur de s'assoupir au volant, il demande à mon oncle de lui siffler quelque chose de gai. Eugène qui n'avait rien d'un merle siffleur commença à lui chanter : « Heure exquise qui nous grise lentement... » Cette chanson fit tordre de rire le docteur et le requinqua par la même occasion. Sur place, il découvrit que les difficultés provenaient des membres croisés au-dessus de la tête du poulain. La parturition eut lieu à 6 heures du matin. La coutume voulait qu'après l'accouchement d'une bête, un grand bol d'eau-de-vie soit offert. À tout seigneur, tout honneur, le docteur trempa d'abord ses lèvres et, à tour de rôle, les autres burent une gorgée. Le père invita la jeune mariée, déjà occupée à traire une vache, à baptiser le poulain et lui tendit un brin de buis. Celle-ci le trempa dans le restant d'eau-de-vie, aspergea le nouveau-né, le bénit et lui donna sans hésitation le nom de « Trappe », sa nuit de noces « y étant passée ». Le père comprit « Rabe » (corbeau), nom commun de toutes les juments noires du village. Il secoua la tête et haussa les épaules.

– Tu n'as rien trouvé de plus original ?

Flouée de sa nuit de noces, Anna lui répondit :

– Justement, ce prénom est rare et exceptionnel autant que la nuit que je viens de passer.

Le docteur se tordit de rire et se souvint longtemps de ce poulinement. Chaque fois qu'il voyait Anna, il lui lançait un petit bonjour en appuyant sur la poire de son klaxon avertisseur.

Le docteur parti, il fallait s'activer au soin des bêtes et aux travaux des champs. Au petit déjeuner, voyant les paupières de son fils alourdies, le père l'invita à s'allonger une demi-heure sur le canapé. C'est à ce moment là que la femme de Littner vint récupérer son vélo. À peine fut-il endormi qu'Anna, avec beaucoup de ménagement, le réveilla. Il entrouvrit les paupières et, la voyant, étendit ses bras pour l'attirer vers lui. C'est à ce moment qu'il aperçut Mme Littner. Son sang ne fit qu'un tour : « La bicyclette ! » Il leur raconta l'incident survenu pendant l'orage. Anna proposa de prêter la bicyclette de sa sœur en attendant que l'autre soit réparée. Elle décida d'aller chercher le vélo endommagé dans le fossé avec une charrette. Là-bas, elle s'aperçut qu'elle saignait, ce qui ne correspondait pas à son cycle menstruel.

Quand elle revint, son beau-père lui enjoignit de ne pas détacher les chevaux, mais de repartir immédiatement charger le foin. Gênée, elle n'osa rien dire.

En passant devant la maison paternelle, elle s'arrêta et se confia à sa mère. Celle-ci lui conseilla de s'allonger immédiatement puis alla quérir la sage-femme qui constata une hémorragie et tenta d'arrêter l'écoulement de sang en soulevant les jambes de la jeune femme et en lui administrant une infusion d'achillée. Ce fut la sœur d'Anna, Joséphine, qui emmena la charrette là où l'attendait Eugène. En apercevant sa belle-sœur, il se douta d'un incident, voire d'un accident. Fou d'inquiétude, il jeta sa fourche et courut au devant d'elle. Il n'eut qu'un cri du cœur : « Anna, Anna ! » Avec beaucoup de ménagements, elle lui expliqua que sa femme avait une hémorragie. Il eut peine à encaisser ce choc terrible. N'avait-il pas déjà perdu sa maman morte d'une hémorragie ? Il vola au chevet de sa bien-aimée. Voyant sa belle-mère et la sage-femme autour du lit, il s'écria :

– Non et non, cela n'est pas possible, Dieu a déjà pris ma mère, il ne va pas encore m'enlever ma femme.

La sage-femme l'invita à quitter la chambre. Ivre de douleur, il courut à l'église, s'agenouilla devant l'autel où, deux jours auparavant, le curé les avait unis pour le meilleur et le pire. Au meilleur, il n'avait pas encore goûté, mais il était déjà confronté au pire ! Prier était au-dessus de ses forces. Il se dirigea alors machinalement vers le cimetière et s'inclina devant la tombe de sa mère en soupirant.

Quand il revint dans la chambre d'Anna, Eugène, grave et soucieux, vint s'asseoir au bord du lit. D'une voix inquiète, il demanda à son épouse :

– Tu penses pouvoir rentrer bientôt ?

Elle lui répondit :

– Pour dimanche je pense être complètement rétablie et te retrouver.

Cette réponse le réconforta. Vendredi soir, le nouveau marié, complètement épuisé par le fauchage et les travaux des champs, trouva à sa grande surprise sa femme qui l'attendait dans le lit conjugal. Complètement épuisé, il ne put que s'endormir. Les travaux des champs lui avaient cette fois-ci encore volé une occasion !

Finalement, Eugène retrouva son épouse pour sa « nuit de noces » le samedi, soit cinq jours après son mariage.

L'éternel sourire de tante Joséphine

Joséphine n'était pas seulement la benjamine, mais aussi la plus délicate des filles. Son père n'avait pas été très tendre envers cette sixième « pisseuse » – ainsi qu'il nommait ses filles lorsqu'il était en colère – qui le privait une fois de plus d'un précieux héritier. Devenue une jolie brunette, elle avait laissé tomber ses cheveux en chienne sur son front pour cacher une disgrâce de naissance. Des lèvres bien dessinées et toujours entrouvertes laissaient apparaître des dents perlées d'une blancheur éclatante.

Elle était aussi discrète que ses sœurs étaient bavardes et ne s'exprimait qu'à travers son éternel sourire. Loin de chercher le contact, elle préférait la solitude. Son monde à elle, c'était la nature, ses amies, les plantes et la faune. Ma tante a sûrement dû être conçue un dimanche après-midi de mai, dans une prairie, sur un tapis herbeux, lorsque la nature parée de fleurs parfumées et d'arbres fleuris s'égaille de chants d'oiseaux irrésistibles !

Joséphine savait se pencher longtemps sur une fleur des champs et en admirer la beauté, tout en fredonnant une de ses compositions poétiques, toujours à la gloire de Dieu. En été, dès le lever du soleil, elle se réfugiait à l'église, où l'acoustique lui permettait de s'exercer aux chants liturgiques.

Très tôt, elle avait éprouvé une vocation religieuse. Elle savait qu'un jour viendrait où il lui faudrait quitter la maison familiale pour céder la place à une future belle-sœur. En 1918, alors que la Lorraine était redevenue française, elle décida de partir. Comme il n'y avait plus de place au couvent proche, la mère supérieure la dirigea vers une autre maison dans un département exclusivement francophone. Joséphine saisit avec joie cette occasion qui lui permettait d'apprendre le français, dont on lui avait vanté la beauté et le lyrisme.

Arrivée dans la soirée dans ce couvent, elle fut questionnée sur ses origines et ses capacités par la mère supérieure, bilingue, qui maîtrisait parfaitement l'allemand. La pauvre ne connaissait que son village et la paysannerie. D'une voix méprisante, la religieuse lui fit comprendre qu'elle ne la voyait que dans la fonction d'une Cendrillon pour les tâches les plus salissantes :

– Que voulez-vous que je fasse d'autre avec vous ?

Cette invective resta gravée au plus profond de la pauvre humiliée.

Déçue, elle se tourna, les yeux embués, vers la fenêtre, pour fixer le clocher d'où parvenait un tintement joyeux rappelant celui de son village. Puis elle se vit demander si elle n'avait pas d'autre talent. Dans sa modestie, elle n'osa pas révéler sa voix d'or égale à celle d'une cantatrice. La mère supérieure tira la sonnette et prit congé en lui souhaitant la bienvenue.

Une religieuse l'accompagna vers une cellule austère dont la fenêtre donnait sur une cour intérieure cernée d'un mur et d'une grille envahie par du lierre. Habituée à une chambre avec vue sur les champs, elle se sentit en cage, comme un oiseau à qui l'on aurait coupé les ailes. Elle n'arriva pas à s'endormir.

Le lendemain matin, après les matines, la mère supérieure lui confia un dictionnaire allemand-français et lui inculqua quelques notions des rudiments de la langue de Voltaire.

Quarante-huit heures plus tard, c'était à son tour de lire l'évangile du jour dans le silence du déjeuner. Lorsqu'elle fut arrivée au lutrin, sa gorge se noua, elle fut prise de panique malgré ses efforts pour se contrôler et ne put s'acquitter de cette tâche, car elle ne savait pas lire le français. Les nonnes l'observaient, étonnées, se demandant qui pouvait donc être cette analphabète fraîchement débarquée. Après avoir hésité une minute pour observer sa réaction, la mère supérieure lui ordonna d'un geste de la main de regagner sa place et une autre sœur prit le relais à la lecture en lui jetant un regard sombre. Soulagée, Joséphine rejoignit sa place sans obtenir le moindre geste de compréhension de la mère supérieure. Toutefois, après le repas, cette dernière expliqua à la communauté que la novice, ne connaissant que la langue de Goethe, serait dorénavant dispensée de lecture. Alors, toute la congrégation promena sur cette « Boche » un regard outré et désapprobateur, puis tissa progressivement une toile, isolant cette intouchable qu'elles voulaient voir chassée.

Malheureuse et humiliée, Joséphine se réfugia la nuit dans son lit et mouilla son oreiller de larmes. Un matin, elle aperçut un petit dessin glissé sous sa porte où l'on pouvait voir une botte géante écrasant un petit Poilu. Elle venait enfin de tout comprendre. Impassible, elle accepta comme un châtiment imposé par Dieu le mépris de ses consœurs qui ne s'adressaient à elle qu'en imitant l'accent germanique.

La voyant dépérir progressivement, la mère supérieure changea d'attitude et essaya de protéger l'ouvrière qui se révélait la plus méritante de la maison. Un jour, comme elle n'apercevait pas Joséphine dans la chapelle, elle la chercha et la trouva inanimée dans un couloir. Les sœurs, pleines de repentir, ne savaient plus à quel saint se vouer pour implorer sa guérison et défilèrent à tour de rôle pour lui demander pardon. Après son rétablissement, ma tante préféra revenir au village car, malgré sa nouvelle acceptation, elle comprit qu'elle ne resterait toujours aux yeux des autres qu'une descendante d'Allemand.

De retour chez elle, Joséphine continuait à éprouver un sentiment de nostalgie pour la vie religieuse. Sa mère, mécontente, l'avait suppliée de troquer, une fois pour toutes, les liens religieux contre ceux du mariage. Elle parvint finalement à s'intéresser à un villageois, Henry, bien plus jeune qu'elle. Ce mariage fut un soulagement. Le reste de sa famille n'avait plus besoin de les aider pour les travaux des champs. Il restèrent tous les trois à la ferme et sa mère pouvait maintenant mourir l'esprit tranquille. Elle savait sa fille bien casée.

Mon oncle partageait les aspirations spirituelles de ma tante. Il était très gentil ; c'était par ailleurs un apiculteur averti. Malheureusement, leur unique fille décéda et les parents inconsolables ne cessèrent de la pleurer. Lentement, Henry glissait dans une forte dépression. Il restait plongé des jours entiers dans une méditation fatale, entendant des voix et apercevant des apparitions. Malgré les bons soins de sa femme, sa santé ne s'améliorait guère. Quand il fut devenu grabataire, ma tante le soigna avec amour et tendresse jusqu'à la fin de sa vie.

Les desseins de Dieu sont impénétrables. La destinée de Joséphine ne se trouvant pas au couvent, elle avait dû se faire une place au ciel par son dévouement à son époux.

Grand-père Michel, garde du corps du Kaiser

Presque toute ma famille maternelle habitait le Windhof, petit hameau à l'écart du village. Il était situé sur une colline exposée à tous les vents, d'où lui était venu son nom, la « ferme du vent ». La maison des parents de maman avoisinait la nôtre. Mais avoir ses grand-parents comme voisins n'était pas toujours un avantage pour moi. Souvent, il me fallait conduire leur troupeau avec le nôtre au pâturage. Maintes fois, j'ai dû courir en vitesse à l'épicerie acheter du tabac à chiquer pour grand-père à l'insu de grand-mère.

Grand-père Michel, dit Mickel, dénigrait le présent au profit du passé. C'était un conteur-né, un enchanteur. En hiver, le dimanche après-midi, il m'attendait, sa chique dans le creux de la joue, distillant sa nicotine, crachant de temps en temps une giclée de jus d'entre ses dents noires. J'étais assoiffée de ses récits fantasques, car il savait si bien embellir la vérité.

J'admirais en lui le héros prussien, lorsqu'il me racontait les faits passés pendant la guerre de 1914-1918. Quand il évoquait le temps de son service militaire comme « Leibwache », garde du corps, de l'empereur Guillaume II, son cœur vibrait. Militaire sentimental, voire nostalgique, il n'hésitait pas à magnifier les faits d'armes de son Kaiser. Son dévouement à l'empire, son patriotisme romantique ne lui permettaient pas d'accepter l'idéologie nazie. En 1940, le bruit des bottes n'avait pas pour lui la même résonance qu'autrefois. Hitler n'était pas, loin s'en faut, le digne successeur de son Kaiser. Il s'éteignit avant d'avoir eu la satisfaction d'assister à la Libération de la France.

Grand-mère Rosslyne, la vaillante Catalane

Ma grand-mère Rosalie, que tout le monde appelait Rosslyne, mit au monde cinq enfants, dont ma mère, l'aînée, suivie de tante Marie, décédée à l'âge de seize ans, avant ma naissance, et de mes trois oncles, Michel, Willy et Joseph. C'était une jeune grand-mère : mon oncle Joseph n'avait que dix ans de plus que moi. Le noir profond de ses yeux laissait deviner son origine espagnole.

Le dimanche, vêtue d'un beau caraco noir sur une longue jupe en fanfreluche, coiffée d'une mantille noire, elle se démarquait nettement des autres villageoises. Si le missel, qu'elle tenait dans sa main, avait été remplacé par un éventail, on l'aurait assurément prise pour une danseuse de flamenco.

Elle était le pâtre conduisant le troupeau de la famille. Avec elle, pas question de musarder quand on travaillait. Son caractère n'était pas facile. Si, parfois, elle m'obligeait à exécuter un travail qui dépassait mes possibilités, je lui répondais « Grand-mère, je ne sais pas » ou « Je ne peux pas », elle fronçait alors les sourcils, prenait un air de gendarme et, la voix intimidante, me faisait remarquer :

– Le « Je ne sais pas » et le « Je ne peux pas » sont deux frères des vers de terre. Comme ils n'arrivaient pas à s'enfoncer dans notre bonne terre lorraine, ils ont dû ramper à l'étranger. Prends ton baluchon et va les rejoindre. Ta place n'est plus ici. Ouste ! Va-t-en !

Elle prononçait le mot « étranger » en catalan. Je ne comprenais pas. Dans mon imagination, il s'agissait d'un endroit infesté de vers de terre, ce dont j'avais horreur. De peur d'être chassée, j'arrivais toujours à exécuter les tâches pénibles qu'elle m'imposait. L'éducation d'autrefois n'était certes pas celle d'aujourd'hui.

Grand-mère avait l'habitude de laver ses beaux cheveux d'ébène au moins une fois par quatre saisons avec une bouillie de cendres de chêne et d'orties séchées, mélange qu'elle laissait macérer deux jours dans de l'eau de pluie. Une fois filtrée, cette lotion égalait nos shampoings actuels et faisait merveille. Ses cheveux, décapés et séchés, n'attendaient plus qu'une bonne couche de saindoux destinée à leur donner du brillant. Mais ce qui réjouissait l'œil agressait le nez. En été, il fallait bien deux jours pour que l'odeur nauséabonde de cette « brillantine » se volatilise et qu'on puisse approcher Rosslyne. De toutes les expériences que j'ai vécues avec elle, la plupart m'ont laissé un bon souvenir ; celles qui m'ont semblé mauvaises m'ont toutefois été de bonnes leçons.

Les trois frères de maman

Mon parrain Michel était l'aîné des trois frères de maman. Cet heureux père de famille, qui venait d'entamer sa cinquantième année, résidait à la sortie du village. Un soir, alors qu'il revenait du travail, sa petite Anne-Lise le supplia d'aller lui cueillir des cerises dans le verger. Il s'y rendit et s'approcha d'un cerisier. Celles qui se trouvaient au bas de l'arbre ne lui paraissaient pas encore mûres. Mais comment résister à l'adorable minois de sa fille chérie ? Peut-être bien que, tout en haut, à la cime ? Perché au sommet d'une échelle, il parvint à cueillir quelques fruits. Soudain une branche se brisa, l'échelle se renversa. Ainsi se joua le destin de tonton Michel. Depuis, il remplit des paniers au ciel et laisse tomber des noyaux d'amour et de bénédictions sur sa veuve éplorée et ses trois enfants. Lorsque je vais au marché, à la fin du printemps, les cerises rouges me rappellent le souvenir de mon parrain bien-aimé.

Le deuxième frère de maman, Willy, était l'enfant chéri de grand-mère. Elle n'avait d'yeux que pour son éternel bébé et préparait les repas selon les désirs de son ange chéri sans se préoccuper des autres. Quant à lui, toujours fourré dans ses jupons, il vivait en parfaite osmose avec sa « mama ». Quand elle mourut, il fut enfin libéré de ses griffes possessives. Peu de temps après, pour retrouver la tendresse maternelle dont il avait tant besoin, il épousa une fille du village. Entouré de ses cinq enfants, il put rester dans la ferme, un nid bien douillet, ne manquant de rien. Ainsi l'avait voulu grand-mère. Sa volonté fut respectée, elle peut reposer en paix.

Joseph, le dernier, était comme une graine sylvestre qui aurait poussé dans son univers à elle, la forêt domaniale, derrière la ferme. Si on le cherchait, on savait où le trouver. Son oxygène, c'était l'essence divine des conifères qu'il respirait avec joie et bonheur. Tonton Joseph avait, dès son enfance, l'intention d'embrasser la carrière de garde forestier. Sa maman trouvait ce métier trop périlleux et tentait de l'en dissuader en insistant sur ses dangers. À l'époque, les braconniers avaient la gâchette facile, lorsqu'ils étaient pris sur le fait. À la sortie de l'école communale, sa mère le dirigea vers la carrière ecclésiastique, non sans arrière-pensées. Elle l'envoya faire ses études dans un collège tenu par des religieux.

Autrefois, les personnes âgées n'avaient pas de pension. Lorsqu'ils devenaient dépendants, les enfants s'en chargeaient à tour de rôle pendant deux mois. Ceux-ci étaient vite écoulés et, le 31 du mois, il fallait débarrasser le plancher. Qu'il neige ou qu'il vente, on ne connaissait pas de pardon ; on leur tendait le baluchon. Devant cette évidence, les vieux s'inclinaient dans l'espérance de n'être pas trop mal accueillis à la prochaine station. Si une mémé ou un pépé entamait son dernier voyage, c'était pour ses proches la délivrance d'un fardeau dont ils n'avaient pas les moyens de se charger. Avoir un enfant curé était donc tout indiqué. Une fois fatigués et usés, les parents savaient qu'ils pouvaient se réfugier au presbytère sans être obligés d'aller faire des stations. Les frères et sœurs profitaient aussi de la situation : les prêtres étant bien payés à l'époque, ils pouvaient recourir à leur aide en cas de besoin.

À chaque trimestre, le fiston ramenait de bonnes notes, surtout des « très bien » en religion, à la grande satisfaction de ses parents. En 1940, la guerre l'obligea d'abandonner ses études studieuses. La Lorraine se trouvant sous l'occupation allemande, il préféra rejoindre le maquis plutôt que de faire partie des Malgré-Nous sur le front de Russie.

Peu de temps après, il cantonna avec trois autres maquisards dans une ferme des Pyrénées béarnaises. Comme fils de paysans, il savait se rendre utile. Bien vite, il tomba amoureux de la fille unique des maîtres du lieu. Mais, en ces temps-là, on ne badinait pas avec l'honneur. Les futurs beaux-parents réclamaient sans tarder un mariage civil et religieux pour pouvoir lui garder sa place dans leur demeure.

Joseph écrivit donc une longue lettre à ses parents pour donner rendez-vous à sa mère à Bertrambois, près de Cirey-sur-Vezouze. Leurs retrouvailles furent très décevantes pour lui, comme le lecteur a pu le découvrir précédemment dans le récit « La frontière ».

La mort dans l'âme, il erra ensuite dans Paris, n'osant retourner dans les Pyrénées affronter les parents de sa belle. Des idées suicidaires dans la tête, il retourna à l'hôtel où il logeait sous une fausse identité. La patronne l'accosta en dialecte lorrain ; son accent l'avait trahi. Elle avait même deviné son appartenance au maquis. Elle poussa une porte coulissante cachée par un grand miroir et l'invita à rejoindre d'autres maquisards. Comprenant qu'il leur serait d'une grande utilité en raison de ses connaissances de la langue allemande, ils l'invitèrent à se joindre à eux. Ils passèrent en Espagne. Dès son arrivée, il osa enfin envoyer une lettre explicative à sa bien-aimée, qui se terminait par ces mots : « Tiens bon ! Mon amour pour toi est si grand qu'il n'y a que Dieu qui puisse nous séparer. Dès la guerre terminée, je resterai pour la vie à tes côtés. » Malheureusement ce courrier n'arriva jamais à sa destinataire. La pauvre petite se rongeait les sangs. Le croyant mort, elle ne cessait de le pleurer.

Dès la fin de la guerre, une fois le courrier rétabli, elle envoya une lettre recommandée à grand-mère, la suppliant de lui donner des nouvelles de son fils. Grand-mère fit la sourde oreille ; elle voulait pour son fils une fille du pays.

Entre-temps, Joseph rentra à la maison et envoya un télégramme à sa bien-aimée, suivi d'une lettre enflammée du bonheur de la retrouver enfin : « Chérie, j'espère que tu m'as attendu et que tu ne t'es pas mariée durant mon absence. » Mais grand-mère, contrariée dans ses projets, interceptait le courrier. Ne recevant pas de réponse à plusieurs lettres, persuadé que son amour s'était mariée, il alla traîner son immense chagrin dans le jardin des célibataires endurcis ; il n'arriva jamais à oublier sa bien-aimée. Muté à Metz comme CRS, il mourut subitement, à peine âgé d'une quarantaine d'années.

Mon cher Tonton, aujourd'hui encore trône sur ma table de chevet une de ces boîtes remplie de dattes que tu m'avais envoyée d'Algérie pendant les « conflits ».

Une fois vidée, je l'ai habillée de feuilles d'étain et j'y ai enchâssé des cabochons verts, capitonnés de velours vert garde forestier. Elle est aussi belle que ton souvenir est doux.

Hommage à ma mère

J'ai la gorge nouée lorsque j'évoque cette chaleureuse présence maternelle qui m'a tant manqué. Petite fille, je me heurtais constamment à une haie d'épines, blessée, écorchée, meurtrie... Combien j'ai regretté de n'avoir pas eu la tendresse qui avait manqué à ma mère dans sa jeunesse ! Comme j'ai souffert de n'avoir pas été le garçon, l'héritier, qu'elle aurait tant préféré avoir !

Nous avions fait de multiples efforts pour nous rapprocher l'une de l'autre, mais un véritable fossé s'était creusé entre nous. Même sa mort n'est pas arrivée à me faire oublier cette absence de tendresse. Aujourd'hui, c'est un nouveau sentiment qui naît en moi, et je suis sûre que le jour viendra où j'irai m'incliner sur sa tombe pour lui dire :

– Maman, attends-moi ! J'arrive bientôt et, là-haut, nous rattraperons ces années d'incompréhension.

Maman a élevé quatre enfants sans eau courante, sans couches-culottes, sans layettes, sans petits pots. Présente du matin au soir dans les champs, elle ne pouvait compter que sur moi pour se soulager dans son travail. Il ne lui restait pas de temps pour les câlins. Ce n'est qu'aujourd'hui que je me rends compte combien sa vie était difficile.

Table

LES ANNÉES DE GUERRE

UNE FAMILLE PAS COMME LES AUTRES

Impression et finition
Saint-Paul Imprimeur
55000 Bar le Duc
Dépôt initial : septembre 2003
Dépôt légal : novembre 2005
N° 11-05-0941